W0177701

EVERY DAY
FOR FUTURE

100 Dinge, die du selbst tun kannst,
um **das Klima zu schützen,**
nachhaltig zu leben und die Natur zu bewahren

INHALT

Welche der 100 Ideen hast du schon umgesetzt, was willst du als nächstes ausprobieren? Kreuze es hier an!

GEMEINSAM FÜR DIE ZUKUNFT!

Kannst du dich noch daran erinnern, wann du das erste Mal von der Erderwärmung gehört hast? Greta Thunberg war 8 Jahre alt, als sie in der Schule davon erfuhr. Sie informierte sich auf eigene Faust weiter und begann, Kleinigkeiten in ihrem Alltag zu verändern. Wann immer sie aus dem Zimmer ging, schaltete sie das Licht aus, um Energie zu sparen. Dann fasste die schwedische Schülerin den Entschluss, nicht mehr zu fliegen, um keine umweltschädlichen CO_2-Emissionen zu verursachen. Und sich vegan zu ernähren. Heute ist sie 16 – und **durch ihre Schulstreiks für das Klima international bekannt.** Überall folgen Schülerinnen und Schüler ihrem Vorbild: Sie streiken freitags vor Parlamenten, statt in die Schule zu gehen. So entstand in kürzester Zeit die weltweite Bewegung „Fridays for Future" (FFF), der sich in Deutschland bereits Zehntausende angeschlossen haben. Vielleicht ja sogar auch du. Die Politiker haben beim Klimaschutz versagt. Darum ist es gut, dass Kinder und Jugendliche mit ihren Protesten alle aufrütteln. Schließlich steht ihre Zukunft auf dem Spiel – es gibt keine zweite Erde!

Greta Thunberg wurde vom amerikanischen Magazin „Time" in die Liste der 25 einflussreichsten Teenager des Jahres 2018 aufgenommen. Hierzulande organisieren sich die Kinder und Jugendlichen nach ihrem Vorbild **unter dem Dach von „Fridays for Future" (www.fridaysforfuture.de)** und engagieren sich für das gemeinsame Ziel. Die Bewegung findet immer mehr Anhänger. Was sie von den Politikern fordert? Dass sie die Ziele des Pariser Übereinkommens einhalten, welches eine internationale Zusammenarbeit für effektive Klimaschutzmaßnahmen verbindlich festgelegt hat. Und dass sie dafür sorgen, dass die globale Erwärmung auf maximal 1,5 °C begrenzt wird. Denn sonst, so die Prognose des Weltklimarates, werden die Umweltschäden nicht mehr umkehrbar sein. Die nächsten 11 Jahre sind entscheidend – wie die Menschheit sich bis 2030 verhält, ist ausschlaggebend dafür, ob die Erderwärmung noch eingrenzbar ist.

Neben der zügigen Umsetzung der politischen Maßnahmen ist es aber auch **wichtig, dass jeder Einzelne umweltbewusst handelt.** Du willst, dass endlich etwas getan wird, und fragst dich, was du selbst dazu beitragen kannst, unseren

Planeten zu schützen? Vor dir liegen 100 konkrete Tipps, die du gemeinsam mit deiner Familie im Alltag umsetzen kannst. Erzähle auch deinen Freundinnen und Freunden davon. Nur gemeinsam können wir es schaffen! (Alle Zahlen und Angaben in diesem Zusammenhang dienen lediglich der Orientierung, um die Auswirkungen unseres Handelns greifbarer zu machen. Es handelt sich durchweg um Richtwerte, die unter Umständen abweichen können.)

Noch mehr Klimatipps und **Informationen gibt es bei PRIMAKLIMA e.V.** Der Verein setzt sich seit 1991 durch den Erhalt und die Mehrung von Wäldern aktiv für den Klimaschutz ein – und pflanzte schon über 13,5 Millionen Bäume! Mit dem Verkauf dieses Buches wird der Verein in seiner Arbeit unterstützt und es werden neue Bäume gepflanzt, die das CO_2, das wir verursachen, kompensieren können.

Vincent Lohmann, Vertreter von „Fridays for Future"

1

VEGGIE-TAGE FÜR DEN TIERSCHUTZ

750 Millionen Tiere werden Jahr für Jahr in Deutschland geschlachtet. Pro Kopf und Jahr liegt der Fleischkonsum hierzulande bei circa 60 kg. Anders ausgedrückt: Jeder von uns verzehrt **pro Woche über 1 kg Rind, Schwein, Huhn & Co.** Und dabei isst gar nicht mal jeder Fleisch: Es gibt bereits rund 6,31 Mio. Personen ab 14 Jahren, die sich selbst als Vegetarier bezeichnen oder zumindest sagen, dass sie weitgehend auf Fleisch verzichten. Und rund 960.000 Menschen aus dieser Altersgruppe sind nach eigener Aussage Veganer oder vermeiden zumindest weitgehend tierische Lebensmittel. Viele denken um. Weil fleischarme Ernährung gesünder ist. Weil es besser für das Klima ist, da die Ausscheidungen der Nutztiere dieses belasten. Und aus Tierschutzgründen.

Vielleicht kannst auch du zumindest an drei Tagen pro Woche auf Fleisch verzichten, dein Schulbrot mit Käse statt mit Wurst belegen und statt Rouladen ein Sojaschnitzel zum Kartoffelbrei essen. Das würde deinen Fleischkonsum etwa um die Hälfte reduzieren. Wenn jeder **drei Veggie-Tage in der Woche** einlegen würde, müssten nur noch die Hälfte der Tiere getötet werden – und somit wäre auch nur noch die Hälfte der Tiere nötig, um uns zu ernähren, was wiederum die Massentierhaltung reduzieren würde.

Übrigens:

Bei Schweinen werden überhaupt nur 75–80% des Tieres verwertet. Bei Rindern ist es sogar noch viel weniger, hier werden nur 40–60% des Tieres zu Wurst und Fleisch verarbeitet; **die andere Hälfte wird einfach weggeschmissen!** Ein 500 kg schweres Rind liefert also letztlich nur 200–300 kg Fleisch, und das reicht für gerade etwa ein Jahr lang für einen 4-Personen-Haushalt – also beispielsweise für dich, deine Mutter, deinen Vater und deine Schwester.

2

GUMMITIERE OHNE TIER KAUFEN

Wer weiß, woraus Gummibärchen hergestellt werden, dem kann der Appetit vergehen. Denn sie enthalten Gelatine – ein Eiweiß, das häufig die flüssige Masse in Lebensmitteln wie Schokoküssen, Marshmallows, Joghurt, Wackelpudding, Lakritz oder eben Gummibärchen verdickt. Gelatine wiederum wird gewonnen aus kollagenhaltigen Schlachtabfällen. Vereinfacht gesagt entsteht sie durch das Auskochen von Häuten und Knochen, Sehnen, Knorpeln und Bändern in Wasser. Geschätzte 80 % der in Europa produzierten Speisegelatine stammen **aus der Haut von Schweinen.**

Logisch also, dass Gelatine nicht vegan ist. Immer mehr Menschen möchten jedoch auf tierische Produkte verzichten, daher ist es kein Wunder, dass auch die Nachfrage nach gelatinefreien Gummibärchen steigt. Und die gibt es natürlich, denn Gelatine **lässt sich ersetzen** durch Stärke, Pektine und Alginate. Gut ist das auch, da Gelatine aus Kühen mit der Verbreitung von BSE (aka „Rinderwahn") in Verbindung gebracht wird.

Übrigens:

Zusammen mit Bonbons essen die Deutschen pro Kopf **5,78 kg Gummitiere** im Jahr. Drei Viertel würden lieber Waren ohne Gelatine kaufen. Ein gelbes V auf der Packung, das Logo der Europäischen Vegetarier Union, zeigt das übrigens an.

3

NUR NOCH 1 X PRO WOCHE FISCH

Ja, Fisch ist gesund – aber teilweise auch Mangelware. Der WWF hat eine Liste der bedrohten Fischarten zusammengestellt. Dazu gehören beispielsweise Alaska Seelachs, Flunder und Forelle. Welche Fische du ohne schlechtes Gewissen essen kannst? Antwort auf diese Frage geben **verschiedene Fisch-Siegel.** Am bekanntesten für Wildfische ist das MSC-Siegel. Wenn du dieses Logo siehst, kannst du davon ausgehen: Diese Fischart ist nicht überfischt, das Ökosystem wird durch die Fischerei nicht beschädigt. Für Fisch aus nachhaltiger Fischzucht in Aquakulturen wird das ASC-Siegel vergeben. Damit das Siegel vergeben wird, dürfen u.a. nicht so viele Medikamente gegeben werden und nicht zu viele Abwässer in das umliegende Ökosystem einfließen.

Was aber tun, wenn die Fischpackung im Supermarkt gar kein Siegel trägt? Hier hilft der WWF-Fischratgeber mit den Ampelfarben: **Rot heißt Finger weg,** Gelb ist zweite Wahl – und Grün bedeutet: Daumen hoch, kann gekauft werden!

Übrigens:

90,9 Mio. t Fisch werden jährlich weltweit aus den Meeren geholt. Das ist viel zu viel: Schon 60 % der europäischen Gewässer gelten als **„überfischt".** Das heißt, dass dort mehr Fische gefangen werden als nachkommen. Hätte jeder Deutsche nur einmal pro Woche Fisch auf dem Teller, würde der jährliche Pro-Kopf-Verbrauch um fast die Hälfte sinken: auf 8 kg pro Person.

4

GETREIDE STATT
KUH IM BECHER

Hafermilch, Mandelmilch, Dinkelmilch – ist dir schon mal aufgefallen, was alles so im Angebot ist in Sachen Milch? Es ist wirklich eine gute Idee, zumindest zwischendurch mal eine Alternative zur Kuhmilch auszuprobieren. **Denn: Kühe sind zu wahren Hochleistungssportlern gezüchtet** worden. In den letzten 30 Jahren hat sich die Milchleistung der Rindviecher fast verdoppelt: Bis zu 40 l Milch fließen aus einem Kuheuter – und zwar täglich! Das sind im Jahr durchschnittlich rund 7,7 t Rohmilch.

Durch diese Strapazen sind die Tiere anfälliger für Krankheiten, und häufig werden Euterentzündungen **mit Antibiotika behandelt**, was zu Medikamentenrückständen in der Milch führt. Das hat auch Auswirkungen auf uns. Ein weiteres Problem: Das Kuhfutter besteht inzwischen fast ausschließlich aus gentechnisch veränderten bzw. genmodifizierten Sojapflanzen, die mit dem giftigen Unkrautvernichtungsmittel Glyphosat behandelt sind.

Damit die Kuh überhaupt Milch gibt, muss sie jedes Jahr trächtig werden. Direkt nach der Geburt wird ihr das Kalb weggenommen und mit billigerem Milchaustauscher „abgespeist", damit das Muttertier für unseren Milchbedarf gemolken werden kann. Und wenn die Leistung der Kühe nach 2 Jahren nachlässt, heißt es: ab zum Schlachthof. Und das, obwohl sie eigentlich 20 Jahre alt werden können. **(K)ein Leben für die Milch!**

Übrigens:

Im Jahr 2016 haben die **4 Mio. Milchkühe,** die in Deutschland gehalten werden, rund 32,8 Mio. t Milch produziert. Gut 50 kg trinkt jeder Bundesbürger im Durchschnitt pro Jahr. Dazu kommen Produkte, die aus Milch hergestellt werden: durchschnittlich 24,4 kg Käse, 16,7 kg Joghurt, 5,9 kg Sahne und 6 kg Butter.

5

WENIGER SCHOKOLADE, WENIGER PALMÖL

Schoki macht glücklich, heißt es. Aber das Glück hat auch Schattenseiten: Denn fast immer ist **Schokolade mit Palmöl** hergestellt – wie überhaupt jedes zweite Produkt aus dem Supermarkt, ob Seife, Tütensoßen, Cremes, Duschgel, Kerzen, Pizza, Margarine, Eyeliner, Waschmittel oder Müsli. Warum Palmöl, das aus den Früchten der Ölpalme gewonnen wird, in Verruf geraten ist? Ganz einfach: Für den Anbau von Palmölplantagen werden riesige Flächen Regenwald gerodet, oft illegal. Die Folgen sind ein gewaltiger CO_2-Ausstoß und die Ausrottung vom Aussterben bedrohter Tierarten wie Orang-Utans. Gute Gründe, der Lust auf Schokolade nicht immer nachzugeben, oder?

Übrigens:

Allein hierzulande konsumiert jeder rund 13 kg Palmöl pro Jahr. Palmölfreie Schokoladenprodukte findest du am häufigsten in Bioqualität. Oder du achtest zumindest auf nachhaltig zertifiziertes Palmöl. Denn weltweit werden ca. **42,2 Fußballfelder Regenwald zerstört – pro Minute!** Für die 60 Mio. t Palmöl, die pro Jahr produziert werden (90 % davon in Malaysia und Indonesien), braucht man davon schon 17 Mio. ha – das ist fast die Hälfte der Fläche Deutschlands! Tendenz: steigend.

Aber: Auf Palmöl zu verzichten ist gar nicht so einfach, selbst wenn du aufmerksam die Inhaltsstoffe auf den Kosmetik- oder Lebensmittelpackungen durchliest. Oder hättest du gewusst, dass es sich **hinter all diesen Bezeichnungen versteckt?** Sodium Lauryl Sulfoacetate – Cetyl Palmitate – Cetearyl Alcohol – Fettsäureglycerid – Glyceryl Stearate – PEG-100 Stearate – Polyglyceryl-2-Caprate – Stearic Acid – Magnesium Stearate – Glycerin.

6

MIT DER EIGENEN TASCHE ZUM EINKAUFEN

Eigentlich eine ganz simple Idee: immer eine Tasche dabeihaben, die man mehrmals benutzen kann. Das spart jede Menge Plastiktüten – und allein damit kannst du einen großen Beitrag zum Umweltschutz leisten. Denn Plastiktüten tragen erheblich zur **Meeresverschmutzung** bei. Sicher hast du schon davon gehört, dass sich unsere Meere in eine riesige Plastikmüllkippe verwandelt haben. Bis zu 12,7 Mio. t pro Jahr gelangen in die Ozeane – das entspricht einer Lastwagenladung pro Minute!

Übrigens:

In Deutschland werden jährlich 6 Mrd. Plastiktüten benutzt. Runtergerechnet auf die Stunde sind das 11.415 Stück. Und diese werden im Zweifelsfall nur **25 Minuten benutzt,** bevor sie dann im Müll landen. Und jede Plastiktüte, die heute weggeworfen wird, braucht circa 20 Jahre, um so weit zu zerfallen, dass man nichts mehr davon sieht.

Am besten nimmst du zum Einkaufen darum deinen Rucksack mit oder einen Einkaufsbeutel. Und wenn du das mal vergessen hast: Oft werden **Mehrweg-Tragetaschen** in den Läden angeboten. Sie kosten zwar mehr als Plastiktüten, sind aber definitiv die bessere, weil umweltschonendere Lösung. Obst und Gemüse kannst du in stabilen, waschbaren Gemüsenetzen transportieren, Brot und Brötchen in Brotnetzen. Stofftaschen sind in, Plastiktüten sind out!

7

KLEINE SCHÖNHEITS-FEHLER VERZEIHEN

Das Auge isst mit, heißt es nicht umsonst. Am liebsten greifen wir im Supermarkt deshalb zu den makellosen Birnen, Bananen oder Möhren. Äpfel **mit Druckstellen,** welker Salat oder schrumpelige Karotten haben keine Chance. Und sind doch zu gut für die Tonne! Also: Wenn du vorhast, sie bald zu verwenden, pack doch mal Obst und Gemüse ein, das kleine Schönheitsfehler hat. So rettest du aktiv Lebensmittel.

Obst und Gemüse macht den größten Teil unserer Lebensmittelabfälle aus, gefolgt von Brot und Kuchen sowie Speiseresten. Und dieses Verhalten wirkt sich direkt auf die Umwelt aus: Mit jedem Apfel, den wir wegwerfen, **verschwenden wir nicht nur den Apfel selbst, sondern auch wertvolle Ressourcen.** Ackerboden, Dünger, Energie für Ernte, Verarbeitung und Transport, Wasser – jedes Lebensmittel wird mit viel Einsatz hergestellt.

Übrigens:

1 kg Äpfel (jeder Deutsche verspeist im Jahr 26 kg!) benötigt 700 l Wasser, bis es verzehrfertig ist, das sind **fast 5 Badewannen voll.** Bei der Produktion, dem Transport und der Kühlung dieses einen Kilos entstehen zudem rund 550 g des klimawirksamen CO_2 – so viel wie bei einer Autofahrt von fast 4 km. Wer also einen Apfel wegwirft, trägt ganz direkt zum Klimawandel bei.

8

REGIONAL &
SAISONAL EINKAUFEN

Du hast im Oktober Geburtstag und dein Lieblingskuchen ist Erdbeertorte? Im Oktober gibt es keine Erdbeeren aus deutschem Anbau mehr und diese müssen aus anderen Ländern importiert werden. Die Früchte haben dann oft weite Transportwege mit dem Flugzeug oder dem Schiff, was umweltschädliche Kohlendioxid-Emissionen verursacht, und werden in gekühlten Lagern aufbewahrt, was unnötige Energie verbraucht. Wie wäre es stattdessen mit einem leckeren Apfelkuchen? Denn das ist genau die Zeit, in der die Äpfel bei uns in der Region reif sind, also Saison haben. Die Erdbeertorte macht dir deine Mutter bestimmt mal im Sommer, wenn die Erdbeeren **frisch gepflückt vom Feld des Bauern um die Ecke** kommen.

Wenn du dich nun fragst, woher du wissen sollst, wann welches Obst oder Gemüse in Deutschland erntereif ist: Dafür gibt es **Saisonkalender.**

Eine gute Idee ist es zudem, im Sommer und Herbst **Früchte einzuwecken oder portionsweise einzufrieren,** um im Winter und Frühling, wenn hierzulande nichts wächst, nicht darauf verzichten zu müssen – das kennst du vielleicht noch von deiner Oma. Ein bisschen ist das wie mit den Eichhörnchen, die ihre Nüsschen für den langen Winter verstecken.

Übrigens:

1 kg Obst und Gemüse **aus Übersee einzufliegen, verursacht rund 10 kg CO_2-Emissionen.** Wenn du und deine Familie also jede Woche 10 kg Obst und Gemüse aus regionalem und saisonalem Anbau kauft, vermeidet das den Ausstoß von 100 kg CO_2. Und wenn deine ganze Schule (mit 500 Schülern) mitmachen würde, könnten 50.000 kg, sprich: 50 t CO_2-Emissionen eingespart werden – das ist so viel, wie 10 Elefanten auf die Waage bringen! Wow!

9

ERST ESSEN, DANN EINKAUFEN

Das kennst du bestimmt: Nur mal schnell in den Supermarkt, um ein, zwei Teile zu besorgen – und dann kommt man mit einem **übervollen Einkaufswagen** wieder heraus. In den Regalen locken so viele leckere Sachen und lassen uns das Wasser im Mund zusammenlaufen. Die Frage, ob sie wirklich gegessen werden, ist in dem Moment oft nebensächlich. Und dann vergammeln sie im Kühlschrank und landen schließlich im Mülleimer.

Um dem vorzubeugen, ist auch der Zeitpunkt entscheidend, zu dem man einkaufen geht. Es ist erwiesen: **Hungrige Mäuler kaufen mehr.** Denn wenn man sich gerade den Bauch vollgeschlagen hat, kauft man gezielter ein und lässt sich nicht von der riesigen Auswahl verführen.

Immer wieder kommen neue Produkte auf den Markt, die reizen zuzugreifen. Zum Ausprobieren lege jedoch erstmal nur ein Exemplar davon in deinen Korb – wenn's schmeckt, kannst du jederzeit mehr davon kaufen. Ein anderer Trick, um überflüssige Einkäufe zu vermeiden: **einen detaillierten Einkaufszettel schreiben** oder im Handy notieren, was gebraucht wird. Das vermeidet reine Lustkäufe, die schließlich im Frust enden.

Übrigens:

18,4 Mio. t Nahrung landen jedes Jahr im Müll. Gut 60 % gehen dabei auf das Konto von Lebensmittelproduzenten, Gastronomie und Kantinen. Aber den Rest, knapp 40 %, verursachen private Haushalte. Alle Deutschen gemeinsam werfen pro Sekunde 313 kg Lebensmittel weg, das macht im Schnitt von jedem Einzelnen 82 kg jährlich. Was für eine Verschwendung!

10

MINDESTENS HALTBAR – MINDESTENS!

Gehörst auch du zu denjenigen, die beim Blick auf das Mindest-haltbarkeitsdatum angewidert das Gesicht verziehen und sagen: Abgelaufen, weg damit? Nur einer von zehn Teenagern tut das nicht (und viele Erwachsene sind ihnen dabei kein gutes Vorbild). Aber wie der Name schon sagt: Das Mindesthaltbarkeitsdatum (MHD) ist das Datum, bis zu dem das Produkt bei der richtigen Aufbewahrung **mindestens haltbar** ist. Die Hersteller sind europaweit gesetzlich verpflichtet, ein solches Datum anzugeben – und zu gewährleisten, dass das Produkt bis zu diesem Zeitpunkt qualitativ hochwertig ist. Genießbar sind die Lebensmittel aber noch weit darüber hinaus.

Das Mindesthaltbarkeitsdatum ist also **kein „Wegwerf-Datum"!** Es bedeutet nicht, dass du das Nahrungsmittel einen Tag später automatisch wegwerfen musst. Ist das MHD abgelaufen, heißt das einfach nur, dass du noch mal eingehender schauen solltest, ob das Lebensmittel noch okay ist. Wie du das prüfen kannst? Verlasse dich auf deine Sinne: Schaue es dir genau an. Rieche daran: Riecht es wie gewohnt? Schmeckt es normal? Dann kannst du es ohne Bedenken essen – und damit Müll und Verschwendung vermeiden.

Doch Vorsicht: Das Mindesthaltbarkeitsdatum ist nicht zu verwechseln mit dem Verbrauchsdatum beziehungsweise Verfallsdatum. Steht auf der Packung **„zu verbrauchen bis"**, musst du das Lebensmittel einen Tag nach Ablauf der Frist auch wirklich entsorgen, um deine Gesundheit nicht zu gefährden. Ein Verbrauchsdatum gibt es aber nur bei leicht verderblichen Waren wie Hackfleisch oder Geflügel.

Übrigens:

Stolze 235 Euro haut jeder im wahrsten Sinne des Wortes in die Tonne, wenn er Lebensmittel wegwirft, die trotz abgelaufenem Mindesthaltbarkeitsdatum noch genießbar sind. Wenn deine ganze Klasse mit 30 Schülern das in Zukunft vermeidet, könnt ihr im Jahr zusammen mehr als 7000 Euro einsparen – und obendrein auch noch unzählige wertvolle Lebensmittel retten.

11

BIO IST NICHT GLEICH BIO

Beim Einkaufen wimmelt es nur so von Schildern am Regal: „bio", „öko", „nachhaltig", „ohne Gentechnik", „regional", „fair"… Doch was davon stimmt wirklich? Um das sichtbar zu machen, haben verschiedene Organisationen und Verbände **Siegel entwickelt, die anzeigen, wie bio (oder fair) ein Produkt wirklich ist.**

15 Stück gibt's davon. Das bekannteste und **am weitesten verbreitete ist das EU-Bio-Siegel.** Von Fleisch über Milch und Eier bis zu Gewürzen – „bio" oder „öko" darf nur draufstehen, wenn zu mindestens 95 % der Richtlinien des Siegels eingehalten werden: Die Tiere müssen beispielsweise artgerecht gehalten werden, Biofutter bekommen und genug Platz im Stall haben. Chemische Pflanzenschutz- und Düngemittel dürfen kaum zum Einsatz kommen. Und es sind maximal 49 Zusatzstoffe erlaubt (bei konventionellen Produkten sind das 316).

Produkte mit diesem EU-Siegel gibt es in fast jedem Discounter.
Aber es geht noch besser. Die Siegel der Bio-Anbauverbände
wie demeter, Naturland oder Bioland haben noch viel strengere
Anforderungen. Bei Fleisch mit dem demeter-Siegel etwa gilt, dass
das Tier u.a. nach strengsten Biokriterien aufgezogen, gehalten und
mit reinem Biofutter gefüttert wurde, das schmerzhafte Entfernen
des Horns bei Kühen ist verboten, der Transport zum Schlachthof
durfte nicht zu weit sein, das Tier durfte zu keiner Zeit leiden.

Übrigens:

Das EU-Bio-Siegel, das Mindeststandards
garantiert, erkennst du an **weißen Sternen
auf grünem Grund.** Das alte, das oft zusätzlich verwendet wird, ist das sechseckige.
Optimal (aber auch teurer) ist es, Bioproduk-
te im Bioladen zu kaufen – im Supermarkt
ist solches Obst und Gemüse häufig in
Plastik abgepackt, um es von den konventionellen Produkten zu unterscheiden.

UNVERPACKT & LOSE

Quillt eure gelbe Tonne bzw. euer gelber Sack auch ständig über? Doch Plastik zu vermeiden, ist gar nicht so leicht. So ziemlich alles im herkömmlichen Supermarkt ist schließlich verpackt, meist in Plastik. Produkte ohne Hülle oder lose kaufen – das geht **am besten auf Wochenmärkten und in „Unverpackt"-Läden,** die du mittlerweile in jeder Großstadt findest. Sie bieten Produkte wie Mehl, Nudeln, Reis, Studentenfutter, Weingummis, Tee, Kaffee, Kakao, Zahnbürsten mit Bambusgriff, Zahnpasta in Tablettenform und vieles mehr an – und alles ohne Einwegverpackung. Man wiegt sein mitgebrachtes Schraubglas ab, notiert sein Gewicht und füllt es, etwa mit Vanillepulver für selbst zubereitete Smoothies. An der Kasse wird das Glas mit Inhalt gewogen, das Eigengewicht des Glases (das Tara) wird abgezogen. Positiver Nebeneffekt: Dadurch, dass man die Menge selbst bestimmen kann, die man abfüllt, wird Lebensmittelverschwendung reduziert.

Auf Wochenmärkten macht Einkaufen ebenfalls Spaß. Es herrscht eine besondere Atmosphäre – ein bisschen wie im Urlaub, und man bekommt lose allerlei frisches Obst und Gemüse. **Auch eine gute Idee, um Plastikmüll zu vermeiden:** Kartoffeln, Eier, Milch, Fleisch direkt beim Bauern oder im Hofladen kaufen (in Holzkisten bzw. gebrauchten Eierkartons) oder Bio-Kisten liefern lassen.

Übrigens:

Bundesweit gibt es über 3300 Wochen-märkte und mehr als 110 Unverpackt-Läden. Übers Internet findest du sicher auch einen in deiner Nähe. **So werden Unmengen an Plastikverpackungen vermieden,** die unter hohem Energieaufwand produziert werden, nur um kurz nach dem Einkauf im Müll zu landen.

13

WELCHE VERPACKUNG DARF'S SEIN?

Immer wenn du die Wahl hast, solltest du **Pfandgläser statt Einweggläser** kaufen, Gläser statt Konservendosen (z.B. bei Erbsen & Möhren) und Papier-/Kartonverpackungen statt Plastikverpackungen. Denn Plastikmüll ist die Plage des 21. Jahrhunderts.

So wie eure Großeltern mit der Milchkanne beim nächsten Bauern frische Milch holen – das ist wohl die beste Lösung. In manchen Supermärkten ist das möglich, durch Milchautomaten: Milch aus der Region mit kurzen Transportwegen und auch noch müllfrei, denn du kannst die Frischmilch hier in eine mitgebrachte Flasche abfüllen oder in eine Mehrwegflasche, die dafür im Markt verkauft werden. Ansonsten sind Milch und andere Getränke im Mehrwegglas eine umweltfreundliche Variante, denn **ein Glas kann 50–70 Mal wiederbefüllt werden.**

Übrigens:

Einwegglas ist die deutlich schlechtere Wahl, denn es braucht viel mehr Energie, Glas einzuschmelzen und daraus neues herzustellen, als es zu spülen. In Bezug auf Energieverbrauch und Treibhausgasemissionen schneiden Einweg-Glasflaschen-Systeme sehr schlecht ab. Außerdem müssen bei der Herstellung von Flaschen immer auch neue Rohstoffe beigemischt werden. Jedoch hat Glas **die höchste Recyclingquote:** Ca. 75 % werden recycelt, gefolgt von Papier und Eisenmetallen, Verbundstoffen und Aluminium. Das Schlusslicht bilden Kunststoffe, von denen nur ca. 37 % wiederverwertet werden können.

14

EINMAL NACHFÜLLEN, BITTE!

Mama, die Flüssigseife ist schon wieder leer! Statt nun den Spender in die Tonne zu werfen und einen neuen hinzustellen, solltet ihr einen **Nachfüllpack** besorgen: Das Auffüllen reduziert Verpackungsmüll! Zudem ist es immer besser, eine große Packung statt vieler kleiner zu kaufen. Mini-Größen für Reisen sehen zwar süß aus und sparen Platz im Gepäck, sollten aber tabu sein. Wenn du trotzdem schon mal so ein Fläschchen gekauft hast, nutze es zumindest bestmöglich, indem du es immer wieder aus einer großen Packung auffüllst.

Noch mehr Verpackungsmüll vermeidest du, wenn du **feste Seife** benutzt, ob zum Händewaschen oder zum Duschen. Auch für die Haare gibt es feste Seifenstücke, die sich mit Wasser aufschäumen lassen. Vorteil: Feste Seifen werden meist ohne Verpackung verkauft und sind konzentrierter als die mit Wasser versetzten Duschgels und Shampoos.

Übrigens:

Jeder Deutsche verbraucht in seinem Leben rund 787 Flaschen Shampoo. Würde man die übereinanderstapeln, wäre der Turm etwa so hoch wie die Cheops-Pyramide in Ägypten: 140 m! Mit Nachfüllpacks für Seife, Wasch- oder Spülmittel & Co. wird ungefähr **2/3 weniger Müll** produziert als beim Neukauf einer Verpackung. So lassen sich pro Kopf ca. 16 kg Plastikmüll jährlich einsparen – das entspricht 16 Packungen Mehl.

15

LEITUNGSWASSER MARSCH!

Wasser ist lebenswichtig. Mindestens 1,5 l sollte man täglich davon trinken. Aber Wasserkisten zu schleppen, ist ganz schön lästig. Und auch für die Umwelt nicht die beste Wahl, das ist eindeutig Leitungswasser: **Es ist jederzeit verfügbar**, sodass der Transport zum Supermarkt und zu dir nach Hause wegfällt, was Abgase reduziert. Zudem braucht man dafür keine Plastik- oder Glasflaschen sowie Kunststoffkästen.

Also **einfach den Kran aufdrehen** und ins Glas füllen! Und keine Sorge: Wasser aus dem Hahn enthält in etwa so viele Mineralien und ist qualitativ genauso gut wie Mineralwasser. Leitungswasser ist also der ideale Durstlöscher, gesundheitlich und ökologisch. Und wenn du lieber Sprudelwasser trinkst, ist ein Trinkwassersprudler eine gute Lösung: Mithilfe einer Kohlensäurepatrone verwandelt er Leitungswasser ruckzuck in ein prickelndes Getränk.

Übrigens:

Die **Klimabelastung durch Mineralwasser** in Deutschland ist im Durchschnitt 600-mal höher als die durch Leitungswasser. Und Leitungswasser spart zudem bares Geld, denn es ist etwa 100-mal preiswerter als abgefülltes.

16
BRING YOUR OWN TRINKFLASCHE!

Wenn wir unterwegs Durst bekommen, kaufen wir uns irgendwo etwas zu trinken, klar. Oft greifen wir dabei zu Plastikflaschen aus PET, im Schnitt jeder Deutsche 192 Mal pro Jahr. Das ergibt für ganz Deutschland einen Verbrauch von 16 Mrd. PET-Flaschen jährlich! Aneinander gelegt könnte man damit die Erde 140 Mal umrunden – also so gut wie komplett bedecken. Und das tun sie auch jetzt schon fast: Die gigantischen Müllinseln in unseren Meeren bestehen zu einem großen Teil aus diesen Flaschen. Wenn das so weitergeht, gibt es nach Schätzung von Experten **im Jahr 2050 mehr Kunststoff als Fische im Meer!** PET-Flaschen, die in die Natur geschmissen werden, zersetzen sich zudem erst nach 450 Jahren, und dann auch nur in Mikroplastik, winzige Plastikteilchen, die ein weiteres großes Problem für unsere Umwelt darstellen.

Um den täglichen Verbrauch von PET-Flaschen zu vermindern, ist wie so oft die einfachste Lösung auch die beste: Ersetzen durch **wieder-befüllbare Flaschen aus Edelstahl oder Glas,** wie du sie sicher auch schon zum Sport(unterricht) mitgenommen hast. Und damit schonen wir nicht nur die Umwelt, sondern auch unseren Geldbeutel: Das Wasser oder die Saftschorle von zu Hause ist viel günstiger als ein Getränk vom Kiosk.

Übrigens:

Für die Herstellung von 1 kg PET werden rund 1,9 kg Erdöl benötigt; und auch wenn in Deutschland PET-Flaschen in sehr hoher Zahl zurückgebracht werden – dem Einwegpfand sei Dank! –, **können nur schwer ganze neue Flaschen aus den alten Flaschen gebaut werden,** denn es lassen sich daraus keine transparenten Flaschen herstellen. Die Farbe ist bei 100 % wiederverwendetem PET also so etwas wie Glücksache, und hässliche dreckig-braune oder -gelbe Flaschen will keiner; der Anteil von Recycling-PET liegt darum pro Flasche bei maximal 28 %.

UNSERE ERDE

GROOOOSSE FLASCHEN KAUFEN

Wenn man keine wiederverwendbare Trinkflasche dabei hat, sollte man statt zu einer kleinen Flasche lieber zu einer **1,5-Liter-Flasche** greifen – auch wenn diese nicht ganz so handlich ist. Denn das ist für die Umwelt um einiges besser, wie du selbst ganz leicht überprüfen kannst.

Egal ob es sich um eine Konservendose, einen Tetra Pak oder eine Flasche handelt: **Je kleiner das Produkt, desto mehr Verpackung wird im Verhältnis zum Inhalt benötigt.** Versuche doch mal etwas: Lege zwei Tetra Paks aufeinander, die je 0,5 l Orangensaft enthalten. Und daneben eine 1-l-Packung. Was fällt auf? Bei der großen Packung fällt die Fläche, an der sich die beiden kleinen Paks berühren, weg. Dieser Teil der Verpackung verursacht also zusätzlichen Müll.

Übrigens:

Man kann das natürlich auch am Gewicht ablesen. Eine leere 0,5-Liter-Plastikflasche wiegt 18 g, sprich: verursacht 18 g Müll. 3 Flaschen à 0,5 l wiegen nach Adam Riese also 54 g. Eine leere 1,5-Liter-Flasche bringt hingegen nur 30 g auf die Waage. Das sind **24 g weniger Müll** bei gleichem Inhalt!

18

SCHMIER DIR EINE!

Irgendwie scheint es cool, sich morgens schnell beim Bäcker oder Metzger etwas für die Pause zu holen. Aber mal ganz abgesehen davon, dass es viel weniger kostet, als jeden Tag etwas Essfertiges zu kaufen: Schlauer und umweltbewusster (und gesünder und leckerer, aber psst! Das bitte nicht weitersagen!) ist es, **dein Vesper von zu Hause mitzunehmen –** und zwar in einer Brotdose, denn so sparst du auch noch Müll.

Ein Schulbrot **ganz nach deinen eigenen Wünschen,** so wie es dir am besten schmeckt – das ist doch herrlich! Du kannst es ganz individuell gestalten: immer wieder einen neuen Belag wählen, je nach Lust und Laune mal Tomate, mal Gurke oder auch mal ein hartgekochtes Ei drauflegen. Und wenn du dann noch eine Brotdose hast, die du nicht nur praktisch, sondern auch richtig schön findest, wird deine Pause perfekt.

Übrigens:

Viele vom Bäcker oder Metzger verwendete Tüten können **nur schwer recycelt werden** – auch wenn sie in die Wertstofftonne gehören. Sie sind meist kein Papiermüll, da sie ja beschichtet sein müssen, damit Lebensmittel wie Buttercroissants nicht durchfetten, und diese Beschichtung lässt sich vom Papieranteil der Tüte nicht mehr trennen.

19

„TO GO" GEHT GAR NICHT

Ein riesiges Umweltproblem sind Einwegbecher, die immer häufiger zum Einsatz kommen. Wenn du auf dem Weg zur Schule, in der Stadt oder auch im Kino etwas Warmes zu trinken haben willst, ist es natürlich ganz praktisch, dass es an **jeder Ecke Getränke zum Mitnehmen gibt.** Doch wenn du deine heiße Schokolade oder den Tee ausgetrunken hast, landet der „Papp"-Becher mitsamt seinem Plastikdeckel sofort im nächsten Mülleimer.

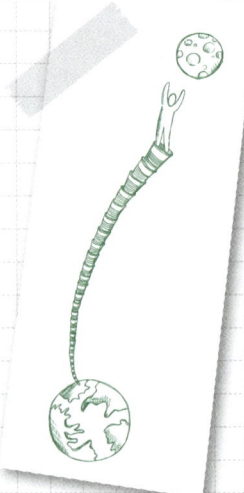

Stündlich werden deutschlandweit ca. **320.000 Coffee-to-go-Becher** benutzt, das sind pro Jahr etwa 2,8 Mrd. Stück. Würde man die alle aufeinanderstellen, entstünde ein 300.000 km hoher Turm – das entspricht beinahe der Entfernung von der Erde zum Mond! Und mit einer Kette aus diesen Bechern könnte man die Erde 7 Mal umrunden. Außerdem verursachen sie 40.000 t Abfall, was dem Gewicht von mehr als 33.000 Mittelklassewagen entspricht.

Der überwiegende Teil der To-go-Becher besteht aus einem verkleb-
ten Pappe- und Kunststoffanteil, **das macht Recycling unmöglich.**
Wann immer möglich, solltest du darum unterwegs einen (Thermo-)
Mehrwegbecher dabeihaben. Viele Geschäfte füllen ihre Heißgetränke gerne in die mitgebrachten Becher, manchmal gibt es dafür sogar
einen Rabatt.

Übrigens:

Für die Herstellung dieser Menge an Pappbechern entstehen 83.000 t CO_2-Emissionen,
es wird so viel Wasser benötigt, wie mehr als
12 Mio. Menschen an einem Tag verbrauchen,
und mit der dafür benötigten Energie könnten mehr als 100.000 Haushalte 1 Jahr lang
mit Strom versorgt werden. Zudem müssen
dafür **43.000 Bäume gefällt werden** und für
die Beschichtung und die Kunststoffdeckel
braucht man rund 22.000 t Rohöl.

20

ESSEN TEILEN

Wir leben im Überfluss, kaufen oft mehr, als wir brauchen – auch Lebensmittel. Doch wohin mit den verderblichen Produkten aus dem Kühlschrank, wenn ihr in den Urlaub fahrt? Oder mit dem nicht aufgegessenen Nudel- oder Kartoffelsalat bzw. der **Sahnetorte nach einer Geburtstagsparty?** Oder wenn ihr im Herbst zu viele Äpfel am Baum hängen habt? Einfrieren ist eine gute Idee, aber nicht mit allem möglich.

Natürlich kannst du dann in der Nachbarschaft herumfragen, wer etwas haben möchte. Du kannst aber auch auf ein größeres Netzwerk zurückgreifen: Mit **Apps wie foodsharing,** die gegen Lebensmittelverschwendung angehen, kannst du online übriggebliebene Lebensmittel verschenken. Diese werden in einen digitalen Korb gelegt und interessierte Privatpersonen können sie dann bei dir abholen.

Es gibt außerdem **Foodsharinggruppen,** die Lebensmittel in Supermärkten, Bäckereien oder Cateringunternehmen abholen und weiterverteilen – diese freuen sich immer über Helfer!

Übrigens:

Über die App Foodsharing mit mittlerweile über 200.000 registrierten Nutzern konnten seit der Gründung 2012 schon **78 t Lebensmittel vor dem Wegwerfen gerettet** werden.

IMMER SCHÖN AUFESSEN

Unglaubliche 8,8 t zubereitetes Essen werfen wir jedes Jahr weg! Gleich mehrfach schlimm ist das, weil so nicht nur die Nahrungsmittel und die Ressourcen für ihre Produktion verloren sind, sondern auch die Energie für das Zubereiten. **Zubereitetes darf zudem nicht in die Biotonne oder auf den Kompost,** weil es Tiere anlockt, sondern muss in den Restmüll. Es hat also wirklich überhaupt keinen Wert mehr, nicht mal mehr in einem „zweiten Leben" als Humus.

Natürlich sollst du dir nichts reinzwängen, wenn du einfach satt bist. Aber wenn ihr zu viel gekocht habt, könnt ihr die Reste aufbewahren und tags darauf aufessen, sie **kreativ in anderen Gerichten wiederverwenden** oder einfrieren – das ist super, wenn mal schnell was auf den Tisch muss. Wegschmeißen ist jedenfalls die schlechteste Lösung.

Übrigens:

Auf den Mülldeponien zersetzen Bakterien die Nahrungsreste und produzieren dabei Methan, das in der Atmosphäre als Treibhausgas 23 Mal stärker wirkt als CO_2. **15 % der weltweiten Methan-Emissionen** wird durch Lebensmittelmüll verursacht.

22

WASSER KOCHEN IST FÜR BABYS …

… doch die Challenge ist: Wie spart man dabei am meisten Strom? Mal angenommen, du willst deinem Magen etwas Gutes tun und dir einen Tee aufbrühen. Wie tust du gleichzeitig der Umwelt etwas Gutes? Die Antwort: Indem du den Wasserkocher benutzt, statt für eine Tasse Wasser einen Topf auf dem Herd zu erhitzen. Das Erhitzen von 1 l verursacht mit beiden Geräten etwa 4 Cent an Stromkosten, der Wasserkocher ist aber effizienter, weil das Wasser darin viel schneller heiß wird. Der Grund dafür: Mit dem Herd braucht man schon **eine Menge Energie, um nur den Topf zu erhitzen.** Der Wasserkocher hingegen muss weniger Material „drumherum" erhitzen.

Übrigens:

Der Wasserkocher ist nur bei kleinen Mengen bis 1,5 l effizienter. **Brauchst du mehr heißes Wasser, gewinnt der Herd,** denn die meisten Wasserkocher fassen nur 1,7 l, sodass du den Wasserkocher mehrmals einschalten müsstest, um die gewünschte Menge zu erhitzen. Extra-Tipp am Rande: Wenn du Nudeln oder Reis zubereiten willst, solltest du das Wasser erst dann salzen, wenn es schon kocht – sonst dauert es auch wieder länger, damit es anfängt zu sprudeln, und du verbrauchst mehr Energie.

23

WERDE ZUM WASSERSPARBIBER

Eigentlich ist es ganz einfach: Wenn du dir einen Tee zubereiten willst, musst du nicht eine ganze **Badewanne voll Wasser** aufkochen. Logisch, oder? Aber wie oft machen wir den Wasserkocher, der in der Regel 1 l fasst (oder sogar 1,5 oder 1,7 l), ohne nachzudenken randvoll. Dabei brauchst du für eine Teekanne meist nur 750 ml, für einen Becher oder eine Tasse noch viel weniger. Am schlauesten wäre es, du nimmst das Gefäß, das du für dein Getränk benutzen willst, und füllst es mit Wasser. Und genau dieses Wasser schüttest du dann in den Wasserkocher und erhitzt es. So verbrauchst du nicht mehr Energie als nötig.

Zudem wird das verbleibende Wasser im Kocher häufig weggeschüttet, weil es uns abgestanden und „alt" erscheint. Benutze es zumindest, **um die Zimmerpflanzen zu gießen** – das ergibt viel mehr Sinn, als es in den Abfluss zu schütten.

Übrigens:

Kochen wir ständig eine größere Menge Wasser als nötig, steigt der Stromverbrauch des Wasserkochers und damit auch der CO_2-Ausstoß. Wenn du täglich 1 l Wasser aufkochst, den du gar nicht brauchst, verursacht das **in einem Jahr 25 kg CO_2** mehr! Das ist so viel, wie etwa ein ausgewachsener Biber wiegt.

24

NUR KLEINE PORTIONEN IN DIE MIKRO

Schnell das von Mama vorbereitete Mittagessen aufwärmen, wenn du von der Schule nach Hause kommst – kein Problem! Mikro auf, Teller mit Essen rein, Deckel drauf, Tür zu. Und **nach ein paar Minütchen** steht deine Leibspeise verzehrbereit auf dem Tisch. Super praktisch!

Und auch clever: Der **Stromverbrauch der Mikrowelle** hält sich nämlich in Grenzen. Sie verbraucht pro Stunde sehr viel weniger Strom (und verursacht damit auch sehr viel weniger Stromkosten) als ein Herd, nämlich knapp 2/3 weniger. Gegenüber dem Backofen ist die Ersparnis nicht mehr ganz so groß, aber doch immer noch bei 50 %. Am meisten Konkurrenz bekommt sie vom Umluftofen, dieser verbraucht nur ca. 30 % mehr Energie als die Mikro.

Was die Mikrowelle aber wirklich unschlagbar günstig macht, ist die kurze Laufzeit: Sie erhitzt das Essen ruckzuck – deswegen lieben wir sie ja auch! Und man kann das Essen direkt auf dem Teller hineinstellen, sodass man Wasser, Spülmittel und **Energie fürs Spülen eines Topfes einspart.**

Übrigens:

Die Mikrowelle statt des Herdes zu benutzen, ist dennoch nur bei Mengen bis 250 ml oder 250 g wirklich sinnvoll. **Größere Portionen** werden im Backofen oder auf dem Herd energieeffizienter erhitzt, weil die Mikrowelle hierfür sehr lange laufen müsste und dabei viel Strom „verpuffen" würde: Es werden nämlich nur 50–60% der aufgewendeten Energie für das Erhitzen der Speisen genutzt. Die Wärme aus den restlichen 40–50 % wird über einen Filter an die Luft abgegeben.

25

FÜR JEDEN TOPF EINEN (GLAS-)DECKEL

Auch der beste Koch braucht die richtigen Töpfe. Aber der beste Topf nützt nichts ohne seinen Deckel. Denn wenn du den Topf offen auf den Herd stellst, braucht der Inhalt um einiges länger, um warm zu werden. Den Grund kennst du sicher aus dem Physikunterricht: **Warme Luft steigt nach oben.** Sie entweicht ohne Deckel also ungehindert aus dem Topf. Du verbrauchst dann mehr Energie als nötig. Insofern solltest du auch nicht dauernd den Deckel abheben, um nachzusehen, ob das Essen schon gar ist. Dafür sind gläserne Deckel gut.

Übrigens:

Wenn du keinen Deckel benutzt, verbrauchst du 2–6 % mehr Energie mehr als nötig. Und wenn der Topf um 3 cm kleiner ist als die Kochplatte, macht das 30 % aus.

Nutze zudem immer die Kochplatte mit der passenden Größe. Denn wenn der Kochtopf oder die Pfanne kleiner sind als die Platte, geht an den Seiten wertvolle Wärme verloren. Bei einem herkömmlichen Herd kannst du zusätzlich Strom sparen, indem du die Platte 10–15 Minuten vor Ende der Kochzeit abschaltest – die **ohnehin vorhandene Restwärme** lässt das Gericht fertiggaren.

26

HEISSE LUFT REICHT AUS

Gemüse muss schwimmen, aber nicht ertrinken. Nehmt zur Zubereitung so wenig Flüssigkeit wie möglich. Dadurch spart ihr zum einen Wasser und das Essen schmeckt nicht verwässert. Zum anderen spart ihr aber auch Energie, weil nicht so viel Flüssigkeit mit erhitzt werden muss. Beim Garen von Kartoffeln reicht es je nach Menge aus, eine einzige Tasse Wasser hinzuzufügen, und auch bei Nudeln braucht man nicht – wie oft empfohlen – 1 l pro 100 g: Selbst für 250 g reichen meist 300–400 ml.

Dampfeinsätze für Töpfe oder Dampfgarer sind in diesem Zusammenhang eine feine Sache. Man braucht nur sehr wenig Wasser, das man nach dem Aufkochen bei sehr niedriger Temperatur am Sieden halten kann.

Übrigens:

Durch den heißen Wasserdampf geht das Garen besonders schnell, das Gemüse bleibt außerdem bissfest und verliert weniger Aroma, Nährstoffe und Vitamine. Gedämpfter Brokkoli enthält etwa 50 % mehr Vitamin C als gekochter und gedämpfte Paprika rund **45 % mehr Mineralstoffe und Spurenelemente** als die gekochte Variante. Und nicht nur Gemüse liebt diese Zubereitungsart, auch Fisch und Meeresfrüchte wie Garnelen schmecken aus dem „Dampfbad" besonders gut.

27

MÖGLICHST OHNE BACKPAPIER

Backpapier ist meist mit Teflon beschichtet. Das lässt sich nicht in Wasser lösen und daher kann Backpapier **nicht als Papier recycelt werden,** sondern muss als Restmüll entsorgt werden.

Stattdessen kannst du besser unbeschichtetes Butterbrotpapier verwenden, das auf Zellulosebasis hergestellt wird (vor dem Belegen einfetten!). Noch besser sind Backmatten aus Silikon, die dauerhaft verwendet werden können und sogar in die Spülmaschine dürfen; du kannst sie bis 230 °C einsetzen. Dauerbackfolien aus Glasfasergeflecht sind silikonfrei, allerdings auch mit Teflon beschichtet: doch wenigstens können sie hunderte Male (bei bis zu 260 °C) benutzt werden. **Die absolut schadstofffreie Alternative:** Backbleche aus hitzebeständigem Glas. Sie sind so glatt, dass nichts darauf haften bleibt, und leicht zu reinigen. Oder du bestreichst einfach ein normales Backblech oder die Kuchenform mit Butter oder Pflanzenöl, so brennt auch nichts fest.

Übrigens:

Beschichtete und behandelte Papiere sollte man nur verwenden, wenn es zwingend notwendig ist. Wenn du schon Backpapier benutzt, verwende es mehrfach und **bis es braun und verbrannt aussieht.** Du kannst es auch sehr gut zurechtschneiden: 4 Brötchen passen z.B. auf ein nur DIN A4 großes Stück.

28

NICHT ZU KALT EINSTELLEN

Viel hilft nicht immer viel: Oftmals sind Kühl- und Gefrier-
schränke zu kalt eingestellt. **Die optimale Temperatur
im Kühlschrank liegt bei +7 °C, im Gefrierschrank bei
−18 °C.** Damit stellt ihr sicher, dass die Geräte möglichst
stromsparend arbeiten.

Innerhalb des Kühlschranks schwankt die Gradzahl. **Darum
gibt es für jeden „Bewohner" das optimale Fach.** Die Schublade ganz
unten ist mit 8–10 °C perfekt für Obst, Gemüse und Salat. Auf der
Glasplatte darüber, bei kühlen 2–3 °C, hier fühlen sich leicht verderb-
liche Lebensmittel wie Fisch, Fleisch und Wurst wohl. Im mittleren
Fach bei 5 °C sind Milchprodukte wie Käse, (geöffnete) Milch und
Joghurt am besten aufgehoben. Das oberste Fach ist am wärmsten
und eignet sich gut für Getränke und Unempfindliches wie Hartkäse
oder Marmelade sowie
Gekochtes. In der Tür ist es
ebenfalls recht warm. Hier
können ganz oben Butter
und Eier gelagert werden,
darunter Senf und Mayo,
unten Flaschen.

Übrigens:

Das Kühlgerät darf nicht zu voll sein, da
ansonsten die Luft nicht genug zirkulieren
kann. Ihr solltet zudem regelmäßig die
Temperatur messen (im obersten Fach
vorne): Wenn das Gerät nur 2 °C kälter eingestellt ist, erhöht sich der Stromverbrauch
bereits um ca. 10 %.

KÜHLEN & ENERGIE-SPAREN IN EINEM

Der Kühlschrank ist aus unserem Leben nicht mehr wegzudenken. Oder kämt ihr auf die Idee, die Leberwurst oder euren Lieblings-joghurt auf dem Balkon oder dem Fensterbrett zu lagern? Und im Sommer eine **lauwarme Cola** zu trinken, darauf hättet ihr sicherlich keine große Lust.

Aber **dieser Service hat seinen Preis:** Haushaltsgeräte sind die reins-ten Energiefresser. Mit am meisten schlagen Kühlschränke und Ge-friergeräte bei der Stromrechnung zu Buche; allein der Kühlschrank macht ungefähr 20 % aus. In Zahlen: Für eine vierköpfige Familie fallen allein für das Kühlen von Lebensmitteln jährlich Energiekosten in Höhe von etwa 100 Euro an; bei Singles sind es rund 40 Euro.

Was man tun kann, um den Energieverbrauch so gering wie möglich zu halten? Nun, wenn euer Kühlschrank zu alt ist, könnt ihr vielleicht über die Anschaffung eines neuen nachdenken – auch, wenn es der alte noch tut. Das ist eine Investition, die sich auf Dauer bezahlt macht. Denn je älter euer Gerät ist, desto mehr Strom verbraucht es. Ein neueres benötigt um bis zu 4/5 weniger als ein 15 Jahre altes! Und wenn schon neu, dann richtig: Am besten kaufen deine Eltern ein Gerät mit **Energieeffizienzklasse A+++** – alles darunter nützt wenig beim Stromsparen.

Übrigens:

Natürlich hängt der Stromverbrauch auch von der Größe der Geräte ab, pro 100 l Nutzungsvolumen steigt er um 20 %. In einem Single-Haushalt genügt ein Kühlschrank mit einem Fassungsvermögen von 100–140 l. Eine Familie sollte **pro Person 50 l Volumen** einkalkulieren.

30

(KÜHLSCHRANK-) TÜR ZU!

Wenn man Hunger hat, führt der erste Gang meist zum Kühlschrank. Auf dem Weg dorthin sollte man schon mal überlegen, worauf man Appetit hat, statt ewig vor der offenen Kühlschranktür zu stehen: **Je länger die Tür offen steht,** desto wärmer wird es darin. Und wenn die eingestellte Temperatur überschritten ist, springt der Kompressor an, um den Kühlschrank wieder herunterzukühlen.

Deshalb solltest du auch zubereitetes Essen erst hineinstellen, wenn es abgekühlt ist, sonst erwärmt sich das Innere ebenfalls – je mehr Essen und je heißer, desto mehr. Und desto länger dauert es, bis die **optimale Temperatur** wieder erreicht ist. Zudem wird die Kühlkette der anderen Lebensmittel damit unterbrochen, sodass diese schneller schlecht werden können. Nicht nur, dass es ärgerlich ist, wegen solcher Unbedachtheiten Essen wegschmeißen zu müssen: Die Energie, die der Kompressor zum Ausgleichen verbraucht, kann man sich auch sparen.

Übrigens:

Der Kompressor verbraucht in einer halben Stunde etwa 0,1 kwH. Wenn er sich also 10 Mal für 30 Min. einschalten muss, verbraucht er 1 kWh. Damit könntest du eine Pizza aufbacken, **7 Stunden fernsehen** oder 5 Stunden am Computer spielen.

31

GEFRIERGUT GEKÜHLT AUFTAUEN

Was soll es am Wochenende zum Mittagessen geben? Vielleicht habt ihr ja noch etwas Leckeres im Gefrierschrank, das ihr dann in Ruhe verarbeiten könnt? Wenn ihr euch schon jeweils **einen Tag vorher überlegt,** was ihr kochen wollt, könnt ihr die eingefrorenen Lebensmittel rechtzeitig aus dem Gefrierfach nehmen – und zum langsamen Auftauen in den Kühlschrank legen.

Das hat viele Vorteile: Dadurch, dass ihr das Hähnchen nicht schnell in der Mikrowelle oder im Backofen auftauen müsst, spart ihr Strom. Und die Energie, die zum Einfrieren des Geflügels notwendig war, wird quasi doppelt verwertet: Denn das Tiefgefrorene senkt die Temperatur im Kühlschrank, sodass dieser nicht so viel Energie aufwenden muss, um die Lebensmittel kühl zu halten. Zudem werden Lebensmittel, die in gekühlter Umgebung auftauen, **nicht zu warm** und verderben nicht. Gerade im Sommer ist das schnell passiert.

Übrigens:

Wenn die Temperatur im Kühlschrank sinkt, springt der Kompressor an und erhöht den Stromverbrauch. Das ist etwa **alle 30–40 Min.** der Fall. Wenn du ein Stück Fleisch mit −18 °C in den Kühlschrank legst, gibt es etwa so viel Kälte ab, dass der Kompressor ca. 9 Mal nicht anspringen muss, bis es aufgetaut ist.

SCHÖN ABDECKEN –
ABER OHNE FOLIE

Im Kühlschrank geht es zu wie in der U-Bahn: Ein ständiges Rein und Raus, es ist sehr voll – und die Gefahr, sich anzustecken, ist groß. Um Lebensmittel vor dem Verderben zu schützen und dafür zu sorgen, dass Keime nicht **von einem Lebensmittel auf das andere übergehen,** solltet ihr sie jeweils gut verpacken. Ob Käse, Wurst oder andere Nahrungsmittel – am besten bewahrt man sie in verschlossenen Dosen auf oder man deckt sie vollständig ab.

Die Frage ist nur: Womit? Frischhaltefolie ist eine Möglichkeit, aber das verursacht auch viel Müll. Viel besser ist **wiederverwendbare Frischhaltefolie.** Davon gibt es drei Arten: Frischhaltefolie aus Silikon lässt sich dehnen und kann über alle möglichen Behältnisse gestülpt werden. Sie ist auch für angeschnittenes Obst und Gemüse geeignet wie Melonen oder Zitronen. Sie ist gut zu säubern, oft sogar spülmaschinenfest. Auch kein schlechtes Gewissen braucht man bei ihrer Schwester, der kompostierbaren Frischhaltefolie, zu haben, die man nach Gebrauch einfach wegwerfen kann.

Die dritte Alternative, das Bienenwachstuch, besteht aus Baumwolle in einer Hülle aus Bienenwachs und ist damit ebenfalls plastikfrei. Tupperdosen sind ebenfalls eine Möglichkeit, Lebensmittel im Kühlschrank zu schützen. Und wenn du etwas in einer Schüssel aufbewahren willst, kannst du auch einen **in der Größe passenden Teller** als Abdeckung benutzen – das kostet nichts und macht null Müll.

Übrigens:

Besonders wichtig ist das Abdecken bei rohem Fleisch sowie bei anderen tierischen Lebensmitteln, da diese z.B. Salmonellen enthalten (und übertragen!) können. Doch wer für alles und jedes Frischhaltefolie benutzt, produziert damit bis zu **16 kg Plastikmüll pro Jahr** – so viel wiegt etwa dein Fahrrad!

33

TOASTEN STATT AUFBACKEN

Du willst Brötchen zum Frühstück, hast aber keine Lust, zum Bäcker zu laufen? Ein Vorrat an Brötchen im Gefrierschrank lässt dich gemütlich direkt am Esstisch in den Tag starten. Doch **wie backt man die am energiesparendsten auf?**

Bevor du aus Gewohnheit gleich den Backofen aktivierst: Damit tiefgefrorene Brötchen aufzubacken, dauert bei 180 °C 10 Min. Bei einem Verbrauch von 2 kWH benötigt der Ofen dafür 0,33 kWh (und verursacht Kosten von rund 0,04 Euro.) Im Gegensatz dazu benötigt ein **1000-Watt-Toaster nur die Hälfte der Zeit** – und verbraucht in diesen 5 Min. nur 0,08 kWh. Du könntest den Toaster also 24 Tage lang jeweils 5 Min. in Betrieb nehmen, bis du so viel Energie verbraucht hast wie der Backofen in nur 1 Stunde. Aufs ganze Jahr gerechnet sparst du damit rund 30 kWh ein (und Stromkosten von ca. 7,50 Euro).

Übrigens:

Wenn 500 Schüler sonntags ihre Brötchen mit dem Toaster aufbacken würden statt mit dem Backofen, würde das pro Jahr 13 kWh einsparen. Und mit dieser Energie könnte man **1729 Toastbrote toasten!**

34

POOLPARTY IN DER SPÜLMASCHINE

Wie oft läuft bei euch die Spülmaschine? Täglich? Gar mehrmals täglich? Im Durchschnitt wird die Spülmaschine **in einem 4-Personen-Haushalt zwischen 250 und 300 Mal pro Jahr** angestellt. Das verbraucht bis zu 30.000 l Wasser, wenn man von höchstens 10 l pro Spülgang ausgeht. Ganz schön viel, was?

Deshalb solltest du die Geschirrspülmaschine erst anschalten, wenn sie wirklich ganz voll ist – **auch, wenn vielleicht gerade deine Lieblingstasse darin ist.** Zu voll sollte sie aber natürlich auch nicht werden, da übereinandergestapelte Teile nicht sauber werden. Töpfe, Schüsseln, Gläser und Tassen solltest du zudem immer mit der Öffnung nach unten einräumen. Sonst kommen sie nach dem Spülgang voll mit Wasser und gelösten Essensresten heraus – und müssen nochmal abgewaschen werden, was wieder Wasser kostet.

Übrigens:

Wenn du einmal pro Woche einen Spülgang einsparst, spart das 52 Spülgänge und 520 l Wasser pro Jahr. Wenn deine ganze Klasse mit 30 Schülern das macht, können 15.600 l Wasser eingespart werden! Ein Planschbecken fasst ca. 600 l. Ihr könntet also damit eine **Klassen-Planschbeckenparty veranstalten mit 26 gefüllten Pools!**

GÜNSTIGER SPÜLSERVICE

Warum selbst spülen, wenn man auch spülen lassen kann?! Das spart Zeit und Geld – Zeit, in der ihr lieber gemeinsam etwas unternehmen könnt, und Geld, das ihr dafür ausgeben könnt. Und es ist energieeffizienter, denn ein (richtig genutzter) Geschirrspüler verbraucht **weniger als das Spülen von Hand.**

Je neuer die Spülmaschine ist, desto mehr spart man ein. Moderne Spülmaschinen brauchen 40 % weniger Wasser als 10 Jahre alte Modelle. Im Durchschnitt sind das 10 l Wasser je Spülgang und 1 kWh Strom; beim Spülen von Hand braucht man schnell doppelt so viel Wasser (oder noch mehr) und etwa 40 % mehr Strom. Gut zu wissen: Je weniger Strom das Gerät verbraucht, desto weniger Wasser braucht es auch. Denn der meiste Strom wird benötigt, um das Wasser zu erhitzen.

Apropos erhitzen: Bei der Programmwahl ist zu beachten, dass **50 °C meistens völlig ausreichend** sind. Das Geschirr von Hand vorzureinigen, verschwendet unnötig Wasser, Energie und Spülmittel – in der Regel wird in der Maschine

alles sauber. Nur grobe Essensreste oder Fettränder solltet ihr vorab entfernen. Wichtig ist außerdem noch, das Geschirr so einzuräumen, dass auch jedes Teil von den Wasserstrahlen erreicht werden kann. So vermeidet ihr lästiges und wasserverschwendendes Nachspülen von Hand.

Übrigens:

Um **140 Teller, Tassen, Gläser und Besteckteile** von Hand zu spülen, braucht man durchschnittlich 46 l Wasser. Das entspricht etwa zwei Spülbeckenfüllungen. Eine Spülmaschine reinigt dieselbe Menge Geschirr mit nur 15 l. Das ist nicht mal ein Spülbecken voll!

36

KLAPPE ZU, KÄLTE DRAUSSEN BLEIBEN!

Besonders im Winter möchte man es drinnen kuschelig warm haben. Damit das möglichst energiesparend erfüllt werden kann, sollten ein paar Dinge berücksichtigt werden – Ihr wollt ja **nicht (im Wortsinne) zum Fenster hinausheizen!**

Obwohl Fensterflächen meist lediglich ca. 10 % der Gesamtfläche einer Immobilie ausmachen, gehen rund 40 % der Energieverluste auf ihr Konto. Schließe darum, bevor du ins Bett gehst, Rollläden und Vorhänge, damit die Kälte draußen bleibt. Geschlossene Rollläden mindern Wärmeverluste durch die Fenster um bis zu 46%. Schon Rollos von innen führen zu einer Verringerung des Energiebedarfs von 7 %, denn sie dienen wie auch Thermogardinen als Barriere: Die von der Heizung produzierte Wärme dringt so nicht in vollem Umfang bis zu den kalten Fensterscheiben vor.

Übrigens:

Zusätzlich kannst du prüfen, ob Luft durch die geschlossenen Fenster zieht, indem du eine Flamme davor hältst und guckst, ob sie hin- und herzüngelt. Falls ja, könnt ihr eine günstig zu erstehende **Schaumstoffdichtung** in die Fensterrahmen kleben – eine kleine Maßnahme mit großer Wirkung: Bis zu 20 % Heizkosten können so eingespart werden.

37

GUT GETRENNT IST HALB VERWERTET

Du hast sicher davon gehört: Unsere Müllberge werden immer höher. Gleichzeitig steigt allerdings auch der verwertete Anteil. Der größte Vorteil des Recyclings: Einerseits vermindert sich die Abfallmenge und andererseits werden knapper werdende Rohstoffe geschont. Eine wichtige Voraussetzung dafür ist allerdings die **möglichst sortenreine Sammlung der Wertstoffe.**

In die Gelbe Tonne bzw. den Gelben Sack gehören Kunststoff, Alu, Weißblech, Materialverbunde wie Getränkekartons und beschichtete Tiefkühlverpackungen. Glas und Papier kann zu fast 100 % recycelt werden – immer wieder; dafür muss aber **nach Weiß-, Braun- und Grünglas sortiert** werden. In die Papiertonne gehören auch Pappe und Karton. Biomüll sind Küchen- und Grünabfälle, aus denen wertvoller Kompost wird oder „Futter" für Biogasanlagen. Alles andere Ungiftige ist Restmüll, die freigesetzte Wärme bei seiner Verbrennung wird zur Energiegewinnung genutzt.

Übrigens:

Die „Haushaltsabfälle" stiegen von 37,3 Mio. t im Jahr 2004 auf 38,3 Mio. t im Jahr 2016. Heute produziert jeder Deutsche rund **462 kg Abfall pro Jahr.** Die gute Nachricht dabei ist, dass auch das Recycling zugenommen hat. Während im Jahr 2004 nur etwa 57 % des Mülls recycelt wurden, waren es 2017 bereits 93 %.

ANZIEHEN NACH DEM ZWIEBELPRINZIP

Brrr, ist das kalt! Schnell ist man dann in Versuchung, das Thermostat an der Heizung auf 5 zu drehen. Nach dem Motto: Volle Power voraus! Doch **bevor du den Heizkörper ganz aufdrehst,** halte dir vor Augen: Ungefähr 70% des gesamten Energieverbrauches eines durchschnittlichen deutschen Einfamilienhauses entfallen auf die Heizenergie. Deine Eltern zahlen also nur dafür, dass es bei euch warm ist, eine Riesenrechnung. Da heißt es also: Heizenergie reduzieren – auch der Umwelt zuliebe.

Übrigens:

Die **Raumtemperatur um 1 °C absenken** (das erreichst du, indem du das Thermostat um einen der kleinen Striche zwischen den Ziffern zurückdrehst), macht schon viel aus: Ihr könnt dadurch 5–10 % Energie, 200 kg Kohlendioxid und etwa 70 Euro im Jahr einsparen.

Deswegen braucht ihr eure Lieblingsserie aber nicht zitternd und schlotternd zu schauen. Zieht euch stattdessen einfach einen dickeren Pulli an oder noch ein Jäckchen drüber und macht es euch so richtig schön gemütlich. Das geht auch super mit einer Wolldecke. **Einmummeln ist angesagt.** Du musst ja nicht im tiefsten Winter im T-Shirt auf dem Sofa sitzen … Energie könnt ihr auch dadurch sparen, dass ihr keine Möbel wie ein Sofa vor die Heizkörper stellt. Denn das blockiert die warme Luft, und was nutzt es, wenn es hinter dem Sofa muckelig warm ist, im Rest des Zimmers aber nicht? Auch das Thermostat sollte nicht von Vorhängen oder Ähnlichem abgedeckt werden, weil darin ein „Fühler" steckt, der prüft, ob die Zimmertemperatur der auf dem Thermostat eingestellten Wunschtemperatur entspricht.

Weißt du eigentlich, was die **Zahlen auf dem Thermostat** an der Heizung bedeuten? 1 steht für eine Raumtemperatur von 12 °C, die 2 heißt 16 °C, die 3 entspricht 20 °C, 4 ist 24 °C – und wenn die Heizung auf 5 steht, wird das Zimmer auf stolze 28 °C erwärmt.

39

LASS FRISCHE LUFT REIN

Zwischendurch muss einfach mal gelüftet werden, damit es im Haus nicht so stickig wird. Fenster auf, frische Luft rein! Soweit ist die Sache klar. Doch **es richtig zu machen, ist gar nicht so einfach.** Denn lüftet man zu wenig, bildet sich Schimmel. Und übertreibt man es, schnellen gerade im Winter die Heizkosten in die Höhe.

Die Devise lautet: **regelmäßiges Stoßlüften statt die Fenster auf Dauerkipp stellen.** Am effektivsten ist es, wenn du die zwei gegenüberliegende Fenster dabei sperrangelweit öffnest (Querlüften), denn der Durchzug hilft, die abgestandene Luft hinauszubefördern. Eine gute Faustregel: Je größer der Temperaturunterschied zwischen innen und außen ist, desto schneller geht es. Während der Heizperiode reichen schon 5 Min. aus. Wichtig ist, währenddessen das Thermostat herunterzuregeln, damit die Heizungswärme nicht in den Vorgarten „flüchtet".

Wenn euer Haus gedämmt ist, das Dach gut isoliert ist und die Fenster mehrfachverglast sind, müsst ihr verstärkt lüften, da kein Luftaustausch über undichte Stellen erfolgt. Wer tagsüber nicht zu Hause ist, sollte morgens und abends 3 Mal für Durchzug sorgen. **Wer zu Hause ist, muss entsprechend öfter** für Luftaustausch sorgen, mindestens 4–5 Mal täglich.

Übrigens:

Eine vierköpfige Familie gibt ca. **10–12 l Wasser am Tag** an die Umgebung ab, nur beim Atmen, beim Kochen oder beim Duschen. Vor allem in der Küche und im Badezimmer ist es also wichtig, immer wieder mal das Fenster aufzureißen. Und auch im Schlafzimmer nach dem Aufstehen, denn beim Ausatmen geben wir CO_2 an die Luft ab und verbrauchen den Sauerstoff in der Luft.

40

DUSCHEN STATT BADEN

Okay, okay: So ein richtig schönes Wannenbad ist Wellness pur. Und manchmal muss das auch einfach sein, Kerzen, Duftöl, Musik und ein gutes Buch natürlich inklusive. Herrlich! Aber allzu oft solltest du dir dieses Vergnügen nicht gönnen. Zwar geht der Wasserverbrauch in Deutschland Jahr für Jahr zurück, der durchschnittliche Pro-Kopf-Verbrauch hat sich (Stand 2017) auf rund **123 l pro Tag** verringert. Das ist aber immer noch ziemlich viel.

Übrigens:

Wenn du **jeden Tag duschst statt zu baden, sparst du** also bis zu 140 l Wasser ein – das sind 14 große Gießkannen voll! Und wenn deine ganze Familie mit 4 Personen das macht, kommt ihr auf bis zu 560 l pro Tag. Aber aufgepasst: Je ausgiebiger du duschst, desto mehr Wasser verbrauchst du natürlich auch beim Duschen ...

Zwischen 20 und 40 l Wasser verbraucht jeder Deutsche täglich nur für Körperpflege und Duschen. Und täglich spült jeder von uns im Durchschnitt 40 l das Klo hinunter. Aber verglichen mit einem Wannenbad ist das gar nichts: Die **Füllmenge einer normalen Badewanne beträgt etwa 150–180 l** – was also um eiiiiniges mehr ist als der durchschnittliche Gesamtwasserverbrauch pro Kopf und Tag!

FEUCHTTÜCHER SIND OUT!

Die Benutzung von Feuchttüchern ist in Mode gekommen. **Zur Reinigung des Babypos** beim Wickeln unterwegs sind sie vielleicht noch sinnvoll, ansonsten sollte man lieber auf Seife und einen feuchten Waschlappen zurückgreifen. Gleiches gilt für feuchte Waschlappen, feuchte Reinigungstücher fürs WC usw.

Feuchttücher bestehen meist aus Kunststofffasern, die thermisch verfestigt sind. Solche Tücher sind überaus reißfest und lösen sich (im Gegensatz zu Toilettenpapier) nicht auf. Die Folge: Werden Feuchttücher über die Toilette entsorgt, schwimmen sie mit dem Abwasser über den Kanal zur Kläranlage. Auf dem Weg dorthin **verheddern sie sich in den Abwasserpumpen und verstopfen sie.** Das führt zu Rückstau im Kanalnetz und macht schlimmstenfalls die Pumpen kaputt.

Wenn du also unbedingt Feuchttücher brauchst, musst du sie **über den Restmüll entsorgen.** Und beim Einkauf auf ihre biologische Abbaubarkeit achten, nur dann lösen sie sich irgendwann im Wasser auf.

Übrigens:

Jeder Deutsche schmeißt im Jahr im Durchschnitt so viel Müll in die Toilette, wie ein großer Eimer fasst. Außer Toilettenpapier gehört aber überhaupt nichts ins Klo! Bei der Stadtentwässerung Dresden beispielsweise verursachen Feuchttücher im Jahr **Mehrkosten von 100.000 Euro!**

HÄNDE KALT WASCHEN

Auch wenn dein Gefühl etwas anderes sagt: Heißes Wasser macht die Finger nicht sauberer und tötet nicht mehr Keime ab als kaltes. (Wichtiger dafür ist, wie lange und gründlich du die Hände einseifst: Zweimal das Lied „Happy Birthday to You" singen, dann war es lange genug.) Es schont auch die Haut mehr, und für den Energieverbrauch für das Erhitzen des Wassers ist kaltes Händewaschen ebenfalls positiver. Um beispielsweise 1 l Wasser **von 10 °C auf 60 °C zu erhitzen,** braucht man 0,058 kWh. Macht man das in einem Elektroboiler, braucht das so viel elektrische Energie, wie eine stromfressende 100-Watt-Glühlampe in 35 Min. umsetzt. Und eine 10-Watt-LED-Lampe könnte dafür 5,8 Std. leuchten.

1 l heißes Wasser ist aber bei voll aufgedrehtem Wasserhahn schon **in wenigen Sekunden in den Abfluss gerauscht!** Um also keine Energie zu verschwenden, gehe mit dem heißen Wasser sparsam um – und nutze, wann immer es geht, stattdessen kaltes Wasser.

Übrigens:

Kaltes Wasser verbraucht ebenfalls **Energie,** nämlich gut 1 kWh pro 1000 l (= 1 m3). Die gleiche Menge heißes Wasser benötigt aber hingegen 58 kWh!

43

WENIGER WASSERRAUSCHEN

Händewaschen ist wichtig – wenn du heimkommst oder vor dem Essen sollte das in der Tat das Erste sein, was du machst. So vermeidest du ansteckende Krankheiten. Aber auch dabei sollte man an die Umwelt denken. **Während du die Hände einseifst, brauchst du kein Wasser** – das kannst du so lange abstellen, bis du die Seife abspülst. Händewaschen verbraucht etwa 2–3 l pro Kopf und Tag. Wenn du den Hahn zudrehst, kannst du 1–2 l einsparen, das wären pro Woche mindestens 7 l.

Übrigens:

Wenn deine ganze Familie das macht, spart ihr (bei 4 Personen) pro Woche 28 l Wasser, und wenn deine 29 Klassenkameraden und ihre Familien auch mitmachen, sind das **840 l Wasser** weniger. So viel Wasser schluckt etwa die Produktion der Menge Kaffeebohnen, die man für 750 ml Kaffee benötigt.

Beim Zähneputzen ist das Abstellen sogar noch wichtiger, denn das dauert viel länger. Wenn du dabei das Wasser laufen lässt, verbrauchst du etwa **5,2 l für jedes Mal Zähneputzen.** Ein Becher ist hier eine gute Idee: einfach den Mund „schlückchenweise" ausspülen – und nur noch 0,2 l Wasser verbrauchen. Das sind 5 l weniger und im Jahr 1825 l pro Person! Und deinem Vater kannst du den Tipp fürs Nassrasieren geben: Auch dabei – und beim Einseifen unter der Dusche – muss nicht unentwegt das Wasser rauschen.

STOPPTASTE BETÄTIGEN

Klingt wie ein alter Hut, ist aber immer noch aktuell: Nicht nach jedem Toilettengang muss **ein wahrer Gebirgsbach das Klo spülen.** Meist genügt ein Bächlein ...

Neuere Toiletten verfügen alle über eine Spülstopptaste. Und die ist definitiv sinnvoll: **Ihr könnt 30–50 % des Wasserverbrauchs einsparen,** wenn ihr eine Spülung mit Stopptaste benutzt oder eine Zwei-Mengen-Spülung, bei der man selbst entscheiden kann, ob mehr oder weniger Wasser fließen soll. Solche Spülsysteme reduzieren die Wassermenge pro Spülung von durchschnittlich 10 l auf 3–6 l – und zwar ohne dass die Hygiene darunter leidet. Gerade für Familien zahlt sich diese Investition schnell aus.

Übrigens:

Geht man von 5 Spülgängen pro Tag und Person aus, kannst du durch das Betätigen der Taste gute 25 l Wasser sparen. Das sind 175 l pro Woche, 700 l pro Monat und stolze 8400 l pro Jahr! Wenn deine ganze Schule mit 500 Schülern immer daran denken würde, die Stopptaste zu betätigen, könntet ihr gemeinsam also 4,2 Mio. l Wasser einsparen. Damit lassen sich **fast 2 olympische Schwimmbecken füllen,** denn ein klassischer olympischer Pool (50 m x 25 m x 2 m) fasst 2,5 Mio. l.

45

EINFACH AN DIE LUFT DAMIT!

Frisch Gewaschenes duftet herrlich. Aber manchmal genügt es auch, die einmal angezogenen Kleidungsstücke – Ausnahmen wie Strümpfe oder Unterwäsche bestätigen die Regel – **über Nacht auszulüften** und dann nochmal anzuziehen.

Abgesehen davon, dass das Wasser spart, die Fasern weniger strapaziert und die Kleidungsstücke nicht so schnell abnutzt: Wer seine Kleidung nicht so oft wäscht, braucht natürlich auch **nicht so viel Waschmittel.** Insgesamt 8 kg davon benutzt jeder Deutsche im Durchschnitt im Jahr, und das belastet die Umwelt stark.

Genau wie Mikroplastik aus Synthetikfasern. Von der Fleecejacke bis zur Leggings: Beim Waschen **lösen sich Hunderttausende winzigster Kunststoffpartikel** aus den Kleidungsstücken und gelangen über das Abwasser in die Gewässer. Denn sie sind mit 0,012–0,018 mm Dicke und 5–8 mm Länge zu winzig, um von den Kläranlagen herausgefiltert zu werden.

Übrigens:

Laut einer Studie werden beim Waschen aus Polyester-Baumwoll-Mischgewebe rund 138.000 **Fasern ans Wasser abgegeben,** bei reinem Polyester sind es etwa 496.000 Fasern und bei Acrylgewebe sogar 730.000 Fasern! Kleidung aus Kunstfasern trägt also wesentlich zur Verseuchung der Meere mit Kunststoffpartikeln bei.

46

BESSER VOLLE LADUNG

Beim Wäschewaschen ist es wie so oft im richtigen Leben: Die goldene Mitte ist die Lösung. Stopft ihr die Waschmaschine zu voll, kann sich die Wäsche nicht richtig in der Trommel bewegen. Ist jedoch nicht genug Wäsche zusammengekommen, wird überflüssig viel Strom und Wasser verbraucht.

Im Fall von zu viel Wäsche in der Maschine bleiben Schmutz- und Waschmittelrückstände zurück und Motor, Keilriemen & Co. der Maschine leiden. Eine Faustregel, wie man erkennt, dass optimal beladen ist: Die Kleidung sollte locker in der Trommel liegen, und zwischen die Wäsche und den oberen Rand der Trommel sollte noch eine Hand passen – und zwar hochkant. Für viele Maschinen ist zudem die **Maximalladung in Kilogramm** angegeben. Du kannst also auch die Wäsche, die du waschen möchtest, vorher in einem Wäschekorb auf die Waage stellen (und das Gewicht des Korbs hinterher abziehen).

Bei zu wenig Wäsche in der Maschine passt die Beladungsautomatik den Verbrauch zwar an die Menge an, aber relativ gesehen sind die **Kosten im Vergleich zu einer vollbeladenen Maschine deutlich**

höher. Wer seine Waschmaschine nur halb belädt, sollte außerdem darauf achten, die Waschmittelmenge entsprechend zu reduzieren.

Und noch ein anderer Punkt ist wichtig, wenn man ökologisch waschen will: Es ist **nicht mehr nötig, die Wäsche so heiß zu waschen.** Je höher ihr die Temperatur einstellt, desto mehr Energie wird verbraucht. Viele Textilien, die früher bei 60 °C oder sogar 95 °C gewaschen werden mussten, werden heute schon mit Programmen zwischen 20 °C (Kaltwäsche) und 30 °C optimal gereinigt.

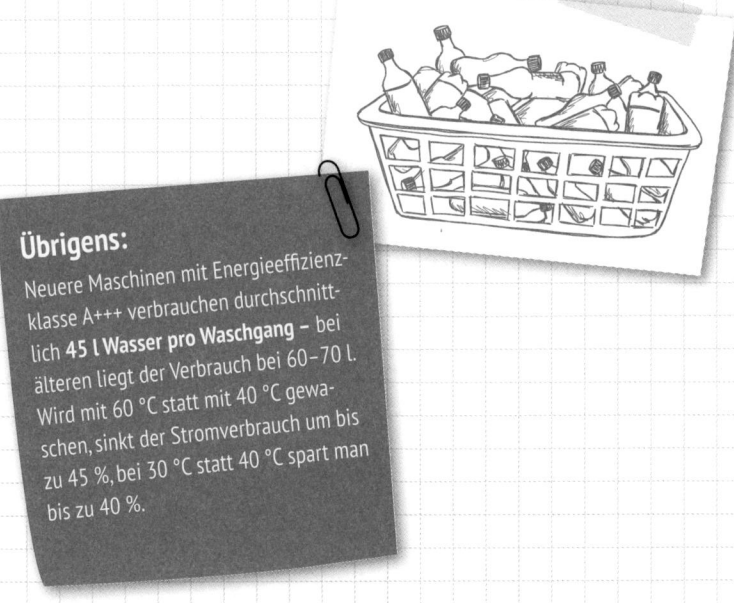

Übrigens:

Neuere Maschinen mit Energieeffizienz-klasse A+++ verbrauchen durchschnitt-lich **45 l Wasser pro Waschgang** – bei älteren liegt der Verbrauch bei 60–70 l. Wird mit 60 °C statt mit 40 °C gewa-schen, sinkt der Stromverbrauch um bis zu 45 %, bei 30 °C statt 40 °C spart man bis zu 40 %.

EINFACH AUTOMATISCH TROCKNEN

Wann immer es geht, solltet ihr frisch gewaschene Wäsche **auf dem Wäscheständer** oder auf der Leine trocknen lassen. Im Sommer sowieso. Dann nimmt die Sonne dem Wäschetrockner die Arbeit ab. Und das spart Strom und damit bares Geld. Denn dieses Gerät gehört zu den größten Energiefressern im Haushalt überhaupt.

Wenn ihr mal nicht auf den Trockner verzichten könnt – sei es aufgrund des Wetters oder weil es schnell gehen muss, weil du ausgerechnet jetzt deine **gerade gewaschene Lieblingshose anziehen möchtest** –, hier ein kleiner Trick am Rande: Wenn du beim Trockengang ein trockenes, sauberes Handtuch dazulegst, beschleunigt das das Trocknen der nassen Wäsche und der Trockner verbraucht weniger Energie. Generell sollte man den Trockner nur anstellen, wenn er voll beladen ist.

Wie viel Strom ein Trockner verbraucht, hängt vom Modell ab – und von seinem Alter. Ein 10 Jahre alter Wärmepumpentrockner (die generell zu den verbrauchsärmsten gehören) braucht für einen Trockengang durchschnittlich rund 4,1 kWh. Nehmen wir mal an, der **Trockner läuft bei euch dreimal pro Woche,** dann wären das 160 Mal und damit Stromkosten von ca. 160 Euro im Jahr.

Übrigens:

Ein modernes Gerät der besten Energieeffizienzklasse A+++ verbraucht nur rund 1,45 kWh pro Trockengang – das sind zwar ein Drittel weniger als das oben genannte Modell, aber immer noch 232 kWh pro Jahr. Mit dieser Strommenge könnte man fast an allen Wochenenden eines Jahres, nämlich an 48, **den Fernseher rund um die Uhr laufen lassen!**

48

HELL, HELLER, AM HELLSTEN

Damit, Licht auszuschalten, wenn sie den Raum verlässt, begann Greta Thunberg ihren Kampf fürs Klima. Das ist schon mal ein wichtiger Beitrag. Wenn du jedoch noch einen Schritt weitergehen willst, solltest du deine Eltern von **LED-Lampen überzeugen.**

Die Nachfolger der Energiesparlampen sind die **energiesparendsten Leuchten überhaupt.** Sie leuchten vom ersten Moment an, wenn man sie einschaltet, ganz hell und verbrauchen sehr wenig Strom, was unnötige CO_2-Emissionen vermeidet.

Übrigens:

LED-Lampen verbrauchen nur ca. 5–6 W. Eine Standard-LED-Lampe für 12 Euro rentiert sich bereits nach einem Jahr – und das bei einer sagenhaften „Lebenserwartung" von ca. 50.000 Betriebsstunden, das sind **etwa 30 Jahre!**

Im Gegensatz zu Energiesparlampen enthalten sie kein Quecksilber (oder die Quecksilberverbindung Amalgam) und sie müssen daher **nicht als Sondermüll entsorgt** werden. Solltet ihr noch Energiesparlampen haben: Vorsicht, wenn sie zerbrechen! Dann das Zimmer umgehend 15 Min. lüften und die Scherben mit Handschuhen aufsammeln.

49

BYE-BYE, STAND-BY!

Den Fernseher per Fernbedienung vom Sofa einschalten, das Laptop einfach aufklappen und sofort lossurfen: Der Stand-by-Modus ist bequem, aber auch teuer. Denn Geräte **verbrauchen im Stand-by-Modus** mehr Strom, als du denkst.

Bei einigen Geräten sind rund 77 % des Stromverbrauchs auf Stand-by zurückzuführen. Klar: Bei einem Gerät, das nur eine halbe Stunde am Tag benötigt wird, aber 24 Std. (auch wenig) Strom zieht, summiert sich das. Spielkonsolen etwa sind wahre Stromfresser im Pausenmodus. Und warum müssen die Geräte eigentlich in ständiger Bereitschaft sein? Schalte Geräte lieber ganz aus oder trenne sie vom Stromkreis, indem du den Stecker ziehst. Praktisch ist eine Steckerleiste, die sich mit Kippschalter abschalten lässt, oder eine **intelligente Steckdose,** die programmiert werden kann.

Übrigens:

Ein 3-Personen-Haushalt bezahlt jedes Jahr etwa 100 Euro an Stromkosten für Stand-by. Alle „Leerlaufverluste" in deutschen Privathaushalten und Büros ergeben mindestens 22 Mrd. kWh pro Jahr (und Kosten von mindestens 4 Mrd. Euro), und dafür sind **2 mittelgroße Atomkraftwerke notwendig.**

50

MIT DEM RAD IST'S COOLER

Übrigens:

Würde deine ganze Schule mit 500 Schülern mit dem Rad fahren, würde überhaupt kein CO_2 in die Luft abgegeben und ihr würdet **gemeinsam pro Schultag 2,6 t CO_2 sparen.** 2 t pro Person und Jahr gelten als langfristige Schmerzgrenze – doch aktuell verursacht jeder Deutsche wahnwitzige 10 t!

Wie kommst du jeden Tag in die Schule? Fahren dich deine Eltern mit dem Auto? Wie wäre es mit einer umweltfreundlicheren Variante: mit dem Fahrrad? Sprich doch mit den Kindern aus deiner Nachbarschaft und **verabredet euch, gemeinsam hinzuradeln** – das macht Spaß und ihr startet sportlich in den Tag.

Und wenn du zu weit weg wohnst, um mit dem Fahrrad zu fahren, gibt es immer noch Bus oder Bahn. **Der Bus fährt sowieso** – ob du mitfährst oder nicht, das verursacht keine zusätzlichen Abgase. Und wenn du dort deine Freunde triffst, ist das sicher unterhaltsamer, als allein im Auto zu sitzen. Ihr könnt zusammen Musik hören, euch unterhalten – und vielleicht auch noch die eine oder andere Hausaufgabe erledigen ...

Ein Auto stößt pro km ca. 130 g Treibhausgase aus. Ist deine Schule also 10 km entfernt, würden 2,6 kg CO_2 weniger in die Luft abgegeben, wenn das **Auto in der Garage** bleibt. Und das nur für die Hinfahrt, denn deine Eltern müssen ja auch wieder zurück; an einem Tag verursacht ein Schulweg von 10 km also pro Auto 5,2 kg CO_2.

51

FAHRT GEMEINSAM!

Du machst Sport oder bist in der Theatergruppe und deine Eltern fahren dich zum Training bzw. zur Probe und zu den Spielen bzw. Aufführungen? Wie wäre es, wenn ihr dafür Fahrgemeinschaften bilden würdet? **Sprich dich mit anderen ab,** die in deiner Nähe wohnen. Dann können eure Eltern sich mit dem Fahrdienst abwechseln und müssen euch – je nachdem, wie viele mitmachen – nur jede zweite, dritte oder vierte (oder gar fünfte?!) Woche durch die Gegend kutschieren.

Damit spart ihr Benzin und **die Umwelt wird weniger mit Abgasen belastet,** als wenn zwei Autos die Strecke fahren würden. Unter Umständen wird sogar die Anschaffung eines Zweitwagens durch Fahrgemeinschaften überflüssig.

Übrigens:

2 Autos mit je 2 Personen benötigen für die gleiche Strecke fast **doppelt so viel Treibstoff** wie ein Auto mit 3 oder 4 Personen. Der Grund: Personen fallen im Vergleich zu dem Gewicht eines Autos von über 1000 kg nur wenig ins Gewicht. Gleiches gilt natürlich auch für Bus und Bahn: Je mehr mitfahren, desto geringer der Energieverbrauch bzw. der Verbrauch von Kraftstoff pro Person und km.

BEIM TEMPO AN DIE UMWELT DENKEN

Hast du dir schon mal Gedanken darüber gemacht, wie viel Sprit ihr verbraucht, wenn du mit deinen Eltern im Auto unterwegs bist? Oder darüber, dass es umso mehr ist, je schneller ihr fahrt? Rasen auf der Autobahn ist nicht nur gefährlich, sondern **verbraucht auch mehr Treibstoff,** denn je höher die Geschwindigkeit, desto höher ist der Luftwiderstand eures Autos.

Neben dem Treibstoffverbrauch gibt es noch ein Problem: Der verursachte Feinstaub steigt ebenfalls an. Feinstaub bezeichnet Partikel in der Atmosphäre, die bis maximal 10 Mikrometer groß sind. Vielleicht hast du gehört, dass momentan darüber diskutiert wird, wie schlimm die **Auswirkungen von Feinstaub auf die Umwelt** und unsere Gesundheit sind.

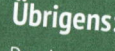

Übrigens:

Der durchschnittliche Spritverbrauch eines Mittelklassewagens erhöht sich um bis zu zwei Drittel, wenn man mit 160 km/h statt mit nur 100 km/h unterwegs ist. Und durch den Straßenverkehr werden **ca. 20 % des gesamten Feinstaubs** in Deutschland verursacht. Wenn ihr also das nächste Mal gemeinsam im Auto fahrt, mach deine Eltern doch mal auf das Tempo aufmerksam. Eventuell hilft es auch schon, nicht so oft zu fragen, wann ihr endlich da seid …

53

KEIN SCHWERES GEPÄCK

Nicht nur die Geschwindigkeit macht auf Autofahrten einen Unterschied – auch das Gepäck fällt ins Gewicht. Besonders auf Urlaubsreisen ist der Kofferraum oft voll bis unters Dach. Das versperrt nicht nur die Sicht, die Frage ist auch: Braucht ihr das wirklich alles? Wie viele Kleider kann man in den paar Tagen anziehen, mit viel Zubehör spielen? Und auch im Alltag sollte der Wagen **möglichst leer** sein. Wenn ihr Getränke gekauft habt, solltet ihr die Kisten direkt ausräumen und nicht mit ihnen an Bord tagelang herumkurven.

Was ihr vielleicht noch gar nicht wusstet: **Je schwerer das Auto beladen ist,** desto mehr Kraftstoff verbraucht es – und desto höher sind die CO_2-Emissionen.

Übrigens:

Wenn das Auto durch 2 50-kg-Säcke Blumenerde 100 kg schwerer ist, kann das bis zu 5 % CO_2 mehr verursachen. Durch einen **optimalen Reifendruck** können wiederum bis zu 5 % CO_2 auf 100 km eingespart werden.

Daher ist es immer sinnvoll, unnötiges Gepäck aus dem Auto zu nehmen und zudem **regelmäßig den Reifendruck** zu überprüfen. Am besten nach jedem Tanken, aber nur wenn die Reifen noch relativ kalt sind. Der empfohlene Luftdruck steht in der Autotür; mit viel Gepäck solltet ihr noch etwas drauflegen.

GETEILTES AUTO = DOPPELTE FREUDE

Planst du, dir nach dem Führerschein ein Auto zuzulegen? Denk doch mal darüber nach, ob du stattdessen nicht lieber **Carsharing („Autoteilen")** nutzen willst. Halter ist der jeweilige Anbieter und wer angemeldet ist, kann rund um die Uhr ein Fahrzeug buchen – online oder telefonisch.

Da für ein eigenes Auto hohe Fixkosten für Versicherung und Steuern anfallen, muss es auch genutzt werden – selbst wenn man mit anderen Verkehrsmitteln schneller oder günstiger ans Ziel käme. Weil beim Carsharing nur Kosten anfallen, wenn das Auto gebucht wird, entscheiden sich die Carsharing-Kunden häufiger gegen das Auto und für ökologisch sinnvollere Alternativen: 40 % nutzen öfter Bus und Bahn, 32 % das Rad. Die Carsharing-Fahrzeuge sind zudem moderner und **energieeffizienter** und stoßen weniger CO_2 aus als der durchschnittliche Privat-Pkw.

Übrigens:

2,46 Mio. Deutsche greifen auf derzeit insgesamt 20.200 Carsharing-Fahrzeuge an über 740 Standorten zurück. Als Faustregel gilt: Wenn du **weniger als 10.000 km im Jahr** mit dem Auto zurücklegst, ist Carsharing eine gute Alternative.

55

PFLANZEN LIEBEN KRÄUTERTEE

Du hast zum Klönen mit deinen Freundinnen einen Kräutertee gemacht, aber vor lauter Quatschen seid ihr gar nicht zum Trinken gekommen. **Was tun mit dem Rest** in der Teekanne?

Dass sich ungenutztes Trinkwasser zum Gießen von Pflanzen eignet, versteht sich von selbst. Wovon du allerdings vielleicht noch nicht gehört hast: Es ist eine gute Idee, die Zimmer- oder Balkonpflanzen oder die Blümchen im Garten mit (ungesüßtem!) Kräutertee zu beglücken. **Sein Geheimnis: das enthaltene Tein.** Das soll eine stärkende und desinfizierende Wirkung haben und gefräßige Schädlinge, die sich über die Pflanzen hermachen wollen, in die Flucht jagen.

Speziell Brennnesseltee eignet sich hervorragend für die Bekämpfung von Blattläusen sowie als Dünger. Für Letzteres kannst du auch den Inhalt von benutzten Teebeuteln nehmen und über die Blumenerde geben.

Übrigens:

26 l schüttest du im Jahr in den Ausguss, wenn du pro Woche nur einen halben Liter abgestandenes Wasser oder Kräutertee wegschüttest. Entsorgst du pro Woche einen ganzen Liter Wasser oder Kräutertee, sind das schon 52 l Flüssigkeit im Jahr – das wäre doch echt schade!

EINE REGENTONNE ANSCHAFFEN

Manches Gute fällt einfach so vom Himmel – zum Beispiel Regen, den man auffangen und sinnvoll einsetzen kann. Die Pflanzen auf der Fensterbank und im Garten freuen sich, wenn sie zur Abwechslung mal mit weichem Regenwasser gegossen werden. Denn Leitungswasser ist je nach Region recht hart, es enthält also ziemlich viel Kalk. Und damit tust du manchen Pflanzen überhaupt keinen Gefallen.

Also: In Zukunft **nicht mehr umständlich am Waschbecken die Gießkanne befüllen,** was ja auch immer ewig dauert, sondern direkt aus der Regentonne aus dem Vollen schöpfen. Eine solche Tonne fasst meistens 250 oder 300 l Wasser.

Übrigens:

Auch wenn du sparsam gießt, braucht der Garten in der Sommerperiode (etwa 20 Wochen lang) durchschnittlich ca. **20 l Wasser pro m² und Woche.** Bei einem Garten mit 600m² sind das im Jahr also 240.00 l!

Damit könnt ihr nicht nur Wasser, sondern **auch Geld sparen,** denn das Trinkwasser aus der Leitung muss bezahlt werden, den Regen gibt's hingegen umsonst. Vor allem in den Sommermonaten brauchen die Blumen und auch der Rasen dringend Wasser, um nicht von der Sonne verbrannt zu werden – je heißer es ist, umso mehr. Also heißt es in den regenarmen Monaten: gießen, gießen und nochmals gießen!

Um noch mehr Wasser zu sparen, kannst du mit dem Inhalt aus dem Regenfass auch dein Fahrrad auf Hochglanz bringen oder den Teich wieder auffüllen, wenn die Sonne ihn ausgetrocknet hat.

Ein netter Nebeneffekt: Die Regentonne kann auch als **Tränke für Vögelchen** dienen. Dafür einfach ein kleines Brettchen auf die Wasseroberfläche legen, auf das sich die Tiere beim Trinken setzen können. So erreichen sie das kühle Nass auch dann, wenn das Wasser nicht bis zum Rand der Tonne reicht – und ertrinken nicht.

BUNTE WIESEN FÜR DIE BIENEN

Käfer, Ameisen, Schmetterlinge und Bienen – fast die Hälfte aller Insektenarten hat sich drastisch reduziert. Es gibt von Jahr zu Jahr weniger von den krabbelnden, herumsummenden Tierchen, pro Jahr werden es 2,5 % weniger. Forscher halten es für möglich, dass es **viele Arten in 100 Jahren überhaupt nicht mehr geben wird.** Dabei brauchen wir diese Tierchen dringend. Über 500 Wildbienenarten, Hummeln, Fliegen und andere Insekten haben die gleiche Aufgabe, doch 80 % der Arbeit aus diesem Bereich erledigt die Honigbiene: Sie bestäubt die Blüten von Blumen und Bäumen und sorgt so dafür, dass wir Himbeeren, Gurken und Äpfel ernten können. Ohne sie würde die Ernte von Obst und Gemüse weltweit drastisch zurückgehen.

Doch warum sind die Bienen in Gefahr? Durch Monokulturen, bei denen riesige Felder viele Jahre hintereinander **mit nur einer Nutzpflanze bestellt** werden, finden sie nicht mehr genügend Nahrung. Die einseitige Ernährung schwächt die Bienen und Parasiten wie die Varroamilbe können so viele Völker auslöschen. Auch Pestizide, die das Unkraut vernichten, lassen die Tiere krank werden oder sterben und der Klimawandel bringt sie zusätzlich aus dem Gleichgewicht.

Du kannst den Bienen helfen, genug Nahrung zu finden, indem du in eurem Garten eine bunte Bienenwiese anlegst. **Säe bienenfreundliche Pflanzen aus,** am besten drei-, viermal im Abstand von einer Woche, das verlängert die Blütezeit.

Übrigens:

Welche Pflanzen ein besonderer Leckerbissen sind? Alle **Blüten, die viel Pollen und Nektar produzieren:** Astern, Dahlien, Lupinen, Löwenmäulchen, Ringelblume, Sonnenblume, Traubenhyazinthe ... Auch Kräuter wie Minze, Rosmarin, Salbei, Schnittlauch und Zitronenmelisse sowie Wildpflanzen wie Glockenblume, Hahnenfuß, Löwenzahn lieben Bienen. Und im Gemüsebeet sorgen Gurke, Kürbis oder Zwiebel für einen Bienenschmaus.

Danke!

SPAGHETTI-PARTY DANK NASCHBEET

Ein eigenes Naschbeet anzulegen, macht Spaß, ist beim Ernten super lecker – und spart auch noch Transportwege. **Warum Tomaten aus Spanien einfliegen,** wenn man sie auch selber ziehen kann? Mit eigenen Augen zu sehen, wie etwas keimt und sprießt, ist wirklich etwas Besonderes. Und wenn Erdbeeren & Co. dann endlich erntereif sind, kannst du sie direkt aus dem Beet naschen oder Marmelade, Chutneys und anderes daraus zubereiten.

Für ein Naschbeet brauchst du nicht allzu viel Platz. Am besten gedeihen die Pflanzen an einer sonnigen Stelle im Garten. Nun nur noch Gartenerde (ohne Torf – der Abbau im Moor setzt ungeheure Mengen CO_2 frei!), Kompost als Dünger und die richtigen Sorten: Toll sind **schnell keimende Pflanzen** wie Kresse, aber auch Erbsen, Radieschen oder Zuckermais. Und Kapuzinerkresse und Ringelblumen erfreuen das Auge und liefern essbare Deko für den Teller.

Übrigens:

Von fünf Tomatenpflanzen kannst du bis zu 45 kg Tomaten ernten und daraus **45 l Tomatensoße** machen. Das reicht für 360 Portionen Spaghetti! Und spart bis zu 408 t CO_2 ein – so viel würde ausgestoßen, wenn du 100 Mal von Berlin nach New York City fliegen würdest.

59

HEB WAS AUF!

Wie oft sieht man, dass Autofahrer einfach ihre leere Zigaretten-schachtel aus dem Fenster werfen oder Spaziergänger achtlos ein Bonbonpapier fallen lassen. Nicht nur, dass das öffentliche Wegwer-fen von Müll **mit einem Bußgeld geahndet** werden kann – an die Natur scheinen diese Menschen keinen Gedanken zu verschwenden.

Was du tun kannst (außer es selbst anders zu machen)? Sammle beim Spaziergehen oder beim Bummeln durch die Stadt Müll ein, wann immer du welchen siehst. Immer beliebter wird auch das sogenannte **Plogging – beim Joggen Müll aufsammeln.** Mach auch du mit, nimm bei deiner nächsten Runde einen Beutel und ein paar Hand-schuhe mit und probiere es einfach aus.

Übrigens:

Müll in der Natur sieht nicht nur hässlich aus, Littering (von Eng-lisch „to litter" = Abfall wegwerfen) gefährdet auch Tiere und Pflanzen – in verheerendem Ausmaß. Eine einzige Zigarettenkippe etwa kann zwischen 40 und 60 l **sauberes Grundwasser verunreinigen** und braucht 10–15 Jahre, um sich zu zersetzen. Und jährlich werden nach Schätzungen weltweit 4–5 Trillionen Kippen in die Natur geschmissen!

60

SORGSAM MIT DINGEN UMGEHEN

Schätze deine Sachen und gehe achtsam mit ihnen um – denn sie zu produzieren hat **wertvolle Ressourcen** gekostet. Mache dir bewusst, wie viel Aufwand es war, all diese Dinge herzustellen: vom Material über die einzelnen Arbeitsschritte bis hin zur aufgewendeten Energie. Je länger du etwas benutzt, desto mehr hat sich all das gelohnt.

Und wenn dir doch einmal etwas kaputtgeht, solltest du versuchen, es zu **reparieren statt direkt nach einem Ersatz Ausschau zu halten.** Je billiger etwas gewesen ist, desto schneller sind wir versucht, es einfach neu zu kaufen. Aber: Wir produzieren in unserer Konsumgesellschaft so viel Müll! Natürlich ist nicht jeder als Bastler auf die Welt gekommen. Aber wenn du es selbst nicht kannst und dir auch niemand aus der Familie oder dem Freundeskreis weiterhelfen kann, gibt es spezielle Anlaufstellen, sogenannte Repair-Cafés. Diese leisten einen bedeutsamen Beitrag zu einem nachhaltigen Leben und damit zum Umweltschutz.

Übrigens:

In **Repair-Cafés** trifft man bundesweit ehrenamtliche Helfer mit handwerklichem Geschick, die dir beim Reparieren mit Rat und Tat zur Seite stehen. Nur für Ersatzteile, die eventuell besorgt werden müssen, musst du bezahlen – die Reparatur selbst ist kostenfrei. Entsprechende Adressen findest du online und am besten vereinbarst du vorab einen festen Termin, da diese Cafés sehr beliebt sind.

61

ERSTE WAHL: ZWEITE HAND

Jeder kennt das: Man steht vor dem Kleiderschrank und findet einfach nichts zum Anziehen. Zwar **platzt der Schrank aus allen Nähten,** doch das richtige Outfit für das Treffen mit den Freunden ist einfach nicht dabei. Da muss dringend etwas Neues her! Wirklich? Du solltest vorher kurz mal darüber nachdenken, dass die Herstellung von Kleidern für die Umwelt ganz schön schädlich ist.

Beispielsweise verbraucht **der Transport von 1 t Jeans mit dem Flugzeug** 131.040 kWh, denn diese kommen meist aus Bangladesch, Indien oder Kambodscha – mit dieser Energie könnte man fast 40 deutsche Haushalte ein Jahr mit Strom versorgen! Doch wie kann man sich doch ab und zu was Neues gönnen, ohne die Umwelt zusätzlich zu belasten? Die Lösung sind gebrauchte Klamotten, die man zuhauf findet auf dem Flohmarkt, in Secondhand-Läden oder über Online-Portale. Solche Teile aus zweiter Hand mussten nicht extra für dich hergestellt werden, du kannst sie dir also ohne schlechtes Gewissen leisten.

Übrigens:

Pro Jahr kaufen Mann und Frau in der Bundesrepublik rund 60 neue Teile und entsorgen 870.000 t Kleider – nach einer **durchschnittlichen Tragezeit von 3,5 Jahren.** Secondhandkaufen verlängert diesen Lebenszyklus.

KEINE ENERGIE-FRESSER KAUFEN

Beim Kauf von Haushaltsgeräten solltet ihr **nicht nur auf den Preis achten,** sondern auch darauf, wie lange das Produkt vermutlich seinen Dienst tun kann. Denn die Ressourcen, die bei der Herstellung eingesetzt werden, sollen sich zumindest für eine möglichst große Zeitspanne lohnen. Darum sind langlebige Materialien wie Holz, Stahl und Metall grundsätzlich die bessere Wahl als Kunststoff.

Was bei Elektrogeräten daneben noch besonders zählt: wie viel Energie sie verbrauchen. Denn der Stromverbrauch schlägt langfristig zu Buche – und sagt etwas darüber aus, wie schädlich der Betrieb fürs Klima ist. Bei diesem Aspekt sollte man sich an den **Energieeffizienzklassen** orientieren. Diese zeigen an, wie effizient die einzelnen Geräte arbeiten, also wie sparsam oder eben nicht sparsam sie im Stromverbrauch sind. Besonders wenig braucht die höchste Energieeffizienzklasse A+++. Danach folgen in dieser Reihenfolge A++, A+, A, B, C, D.

Wie die Einstufung in die einzelnen, EU-weit geltenden Energieeffizienzklassen erfolgt? Gegenüber einem fiktiven Referenzgerät darf das damit ausgezeichnete Gerät **nur eine bestimmte Menge an Strom verbrauchen.** Um in die Klasse A+++ eingeordnet zu werden, dürfen beispielsweise Haushaltskühlgeräte maximal 21 % des Stromverbrauchs des Referenzgerätes verbrauchen und Fernseher maximal 9 %. Bei Kühl- und Gefriergeräten ist diese Kennzeichnung deshalb so bedeutend, weil diese in der Regel 365 Tage im Jahr rund um die Uhr ans Stromnetz angeschlossen sind – und das über mehrere Jahre.

Übrigens:
Ein Kühlschrank der Klasse A+++ verbraucht **60 % weniger Strom** als einer der Effizienzklasse A, zwischen Energieeffizienzklasse A++ und A liegt immerhin noch eine Ersparnis von 40 %. Und ein Gerät der Klasse A+ spart im Vergleich zu einem der Klasse A immer noch 20 % an Energie ein.

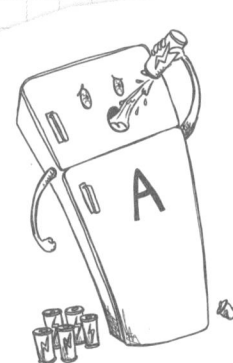

63

GEBRAUCHT, GÜNSTIG, GUT!

Auf dem Flohmarkt lässt sich so manches Schnäppchen ergattern – und Spaß macht es auch noch, in den Sachen, die andere ausrangieren, zu stöbern. Manchmal macht man hier unerwartet tolle Beute, etwa wenn man etwas findet, das man schon lange haben wollte. Auch Kleinanzeigenportale sind eine gute Quelle für Gebrauchtes, das noch gut in Schuss ist. Solche Dinge schonen nicht nur den Geldbeutel, sondern auch die Ressourcen, denn es muss nichts Neues hergestellt werden. Und Müll wird damit auch noch vermieden.

Übrigens:

Ausschlaggebend für den **Wert eines gebrauchten Fahrrads** sind die Marke, sein Alter, Verschleiß und Optik, Zubehör, die Nachfrage und (bei einem Händler) die Gewährung einer Garantie. Generell ist der Wertverlust aber ähnlich wie bei einem Neuwagen: Nach 2 Jahren muss man dafür nur noch rund die Hälfte des ursprünglichen Preises hinblättern, nach 8 Jahren ist es gar nur noch ein Viertel wert.

Auch etwa Fahrräder kann man hier günstig schießen. Wenn du also zu groß für deinen Drahtesel geworden bist, kannst du bei der Anschaffung eines „neuen" gebrauchten hier richtig sparen und dabei noch die Umwelt schonen.

64

TAUSCHEN STATT NEU KAUFEN

Man muss die Feste feiern, wie sie fallen. Und wenn es gerade keinen Anlass gibt, feiere einfach eine Klamottentausch-Party! Denn was der/dem einen nicht mehr gefällt oder passt, kann durchaus noch einen anderen Liebhaber finden. Und das ist eine gute Gelegenheit, mal wieder gründlich **den Kleiderschrank auszumisten.** Und sich dabei überraschen zu lassen, wie viele Klamotten man wirklich besitzt – und wie wenige man eigentlich anzieht, das sind nämlich meist immer dieselben.

5,2 Mrd. Kleidungsstücke horten die Deutschen in ihren Schränken. Bei Frauen sind es durchschnittlich 118 Teile, Männer kommen immerhin auf 73 Teile – jeweils ohne Strümpfe und Unterwäsche. Im Durchschnitt sind das 95 Kleidungsstücke pro Person; rund ein Drittel besitzt sogar mehr als 200!

Übrigens:

40 % der Klamotten fristen ein tristes Dasein, denn sie werden selten bis nie getragen, und 18 % werden gar in ihrem ganzen Leben **nur zweimal getragen.** Darum: Tauschen statt wegschmeißen, das wäre doch zu schade!

„NO" ZU BILLIGFUMMELN

Stehst du auch auf Shopping? Überall rufen neue T-Shirts und Pullis: Kauf mich, kauf mich! Doch auch wenn sie für jeden Taschengeldbeutel erschwinglich sind, solltest du widerstehen: Kaufe lieber weniger, dafür fair gehandelte und teurere T-Shirts **statt 1001 Billig-Shirts.**

Denn der Anbau der Baumwolle, die für die Klamotten gebraucht wird, ist eine ökologische Katastrophe: Es kommen große Mengen Pestizide und Gentechnik zum Einsatz, und die **Bewässerung der riesigen Baumwollfelder** in Usbekistan hat beispielsweise dazu geführt, dass der Aralsee (eines der größten Binnenmeere der Welt) etwa 60 % kleiner geworden ist – er ist einfach ausgetrocknet! Mal ganz abgesehen davon, dass teilweise sogar Kinder auf den Baumwollfeldern arbeiten müssen.

Übrigens:

Für die Herstellung eines einzigen T-Shirts, das bei uns häufig für 3,- Euro zu haben ist, werden **2000 l Wasser benötigt.** Und eine Näherin in Bangladesch bekommt einen Lohn von max. 1 % vom Ladenpreis, für 50 Teile à 3,- Euro also ca. 2,50 Euro – dafür bekommt man hierzulande 2 Kugeln Eis ...

66

SCHÖNER SCHENKEN

Wir schenken gerne, ob zu Geburtstagen, zu Konfirmation und Kommunion oder einfach so. Und all diese Geschenke müssen natürlich verpackt werden! Gerade vor Weihnachten steigt der Geschenkpapierverbrauch in Deutschland extrem an – und nach der Bescherung türmen sich **Berge aus zusammengeknülltem Papier** und Folien, Kartons und Karten im Wohnzimmer.

Dieser Müll ist **schwer zu recyceln,** denn oft ist das Papier aufwendig mit Glitzer, Kunststoff und Aluminium beschichtet. Und wusstest du, dass für die schönen bunten Farben Palmöl, tierische Bestandteile und gentechnisch modifizierte Organismen zum Einsatz kommen?

Übrigens:

Gut **8000 t Geschenkpapier pro Jahr** werden bei uns alleine vor Weihnachten verbraucht. Wir sollten also dringend damit anfangen, umweltfreundlicher zu schenken – etwa indem wir Geschenkpapier wiederverwenden, auf Kunststofffolien verzichten und alte Kalender, Zeitschriften oder Tücher kreativ umfunktionieren. Oder mach aus deinem Lieblings-T-Shirt, wenn es wirklich zu verwaschen oder löchrig ist, um weiter getragen zu werden, Geschenkpapier oder einen Geschenkbandersatz, indem du es in schmale Streifen schneidest.

67

ÖKOLOGISCHE MONATSHYGIENE

Sie ist sicherlich etwas gewöhnungsbedürftig, aber was tut man nicht alles für die Umwelt ... Die Rede ist von der **Menstruationstasse,** einem prima Ersatz für Binden und Tampons, der sich immer größerer Beliebtheit erfreut.

Hinter dem Begriff verbirgt sich ein Gefäß, das dein Menstruationsblut sammelt und das ähnlich wie ein Tampon benutzt wird. Eine Menstruationstasse kostet maximal 30 Euro, ist in verschiedenen Größen erhältlich und besteht aus medizinischem Silikon, Kunststoff oder Latex. Dadurch ist sie wiederverwendbar und **verursacht so gut wie keinen Müll,** im Gegensatz zu Binden oder Tampons, die außerdem Plastikbestandteile enthalten. Eine weitere müllarme Alternative sind selbstgenähte waschbare Stoffbinden.

Übrigens:

Jede Frau verbraucht in ihrem Leben im Durchschnitt zwischen 10.000 und 17.000 „Menstruationshelferlein", also Binden, Tampons oder auch Einweg-Menstruationsbecher. Jährlich sind das weltweit **rund 45 Mrd. Tampons** (bzw. Alternativen). Von den Menstruationstassen, die im Idealfall 10–15 Jahre verwendet werden können, landen im Laufe eines Frauenlebens hingegen nur ca. 5 Stück im Abfall.

68

DEN WATTESTÄBCHEN HAUSVERBOT GEBEN

Plastik macht rund 80 % des Müllteppichs in den Weltmeeren aus. Um dagegen anzugehen, werden bestimmte Produkte **demnächst EU-weit verboten,** darunter Plastikbesteck, -strohhalme, Halter für Luftballons – und Wattestäbchen. Und das ist auch nötig, denn Tonnen von Plastik werden jeden Tag in die Natur geschmissen und verbleiben dort über Jahrzehnte, weil sich das Material nur sehr langsam zersetzt. Vor allem in den Meeren wird Plastik, auch in Form von Mikroplastik etwa von Wattestäbchen, zu einer existenziellen Bedrohung, unter anderem für Wale und Haie.

Ohrenärzte raten ohnehin davon ab, Wattestäbchen zu benutzen, da diese den Schmalz nur tiefer in die Gehörgänge drücken. Doch wenn du nicht darauf verzichten willst: In der Apotheke gibt es **medizinische Ohrenreiniger aus Edelstahl,** oder du besorgst du dir einen dieser Ohrenreiniger, die meist aus Bambus bestehen und vorne wie ein Löffelchen geformt sind.

Übrigens:

43 % des an europäischen Stränden gefundenen Mülls besteht aus Einwegprodukten wie Plastikgeschirr, -strohhalmen und Wattestäbchen. Ab 2021 dürfen diese nur noch aus alternativem, umweltfreundlicherem Material hergestellt werden. Eine weise Entscheidung!

69

MIT KLOPAPIER BÄUME RETTEN

Recyclingpapier ist eine feine Sache, da hierfür Rohstoffe wiederverwendet werden statt neue abzubauen. Daher solltest du **Toilettenpapier und Taschentücher aus Recyclingpapier** (und in der Papierbox) kaufen. Bei solchen Hygienepapieren ist das besonders sinnvoll, da ihre Neuherstellung die Umwelt stark belastet: Es werden dafür viel Holz, Energie und Wasser benötigt und Chemikalien werden dabei in die Gewässer eingeleitet. Durch die Benutzung von Altpapier können diese Auswirkungen stark reduziert werden.

Produkte aus recyceltem Papier schneiden gegenüber solchen aus neuen Holzfasern wesentlich besser ab: Sie verbrauchen pro kg Papier **bis zu 2,4 kg weniger Holz, etwa 50 % weniger Energie und rund 67 % weniger Wasser.** Außerdem verursachen Klopapier und Taschentücher aus Recyclingpapier deutlich weniger CO_2 und die Abwasserbelastung ist zehnmal niedriger, denn es werden deutlich weniger Chemikalien gebraucht.

In Deutschland liegt der **jährliche Verbrauch an Hygienepapieren pro Person bei knapp 18 kg.** Und das „Vergnügen" ist auch noch sehr kurz, denn wenn man die Spülung betätigt oder die Nase leer geschneuzt ist, ist das Papier ruckzuck im Abfluss oder im Eimer verschwunden und zu nichts anderem mehr nütze.

Übrigens:

Wenn du ein ganzes Jahr lang nur noch Hygienepapiere aus Altpapier verwendest, kannst du damit ca. 43,2 kg Holz einsparen (von den anderen Ressourcen ganz zu schweigen). Wenn deine ganze Schule mit 500 Schülern das macht, **könnt ihr etwa 2,16 t Holz einsparen** – das sind mindestens 10 große Bäume, die dann nicht gefällt werden müssen!

SCHÖN SEIN NICHT UM JEDEN PREIS

Hier mal schnell einen Lippenstift kaufen, sich dort von einem Lidschatten verführen lassen – viele Mädchen besitzen **eine ganze Schublade voller Kosmetik.** Doch Hand aufs Herz: Brauchst du all diese Produkte wirklich? Oder kaufst du sie nur, weil sie überall zu Tiefstpreisen verfügbar sind?

Wenn du weißt, was in Billigkosmetik steckt, weißt du auch, dass du **am besten komplett darauf verzichtest.** Das wäre nicht nur für die Natur, sondern auch für deine Gesundheit die beste Lösung: Die Liste der Folgen, die Schadstoffe in Kosmetika anrichten können, ist lang und reicht von Allergien bis hin zu Krebs.

Auch kleinste Plastikteile, die den Produkten beigemischt sind, gelangen in deinen Körper – und übers Abwasser ins Trinkwasser und in die Meere. **Woran du solches Mikroplastik erkennst?** An den komplizierten Bezeichnungen auf der Verpackung, nämlich beispielsweise: Polyethylen (PE), Polypropylen (PP), Polyethylenterephthalat (PET), Nylon-6, Nylon-12, Polyurethan (PUR), Acrylates Copolymer (AC), Acrylates Crosspolymer (ACS), Polyacrylat (PA), Polymethylmethacrylat (PMMA), Polystyren (PS).

Kaufe darum besser hochwertige Kosmetik in Bioqualität, diese kommt ohne Mikroplastik aus. Und wenn du sie nur zu besonderen Anlässen verwendest, macht das auch der Geldbeutel gut mit. Pflegeprodukte kannst du außerdem **aus natürlichen Zutaten** wie Avocado, Olivenöl oder Quark selbst herstellen. So weißt du genau, was drinsteckt.

Übrigens:

Während in Wasch-, Pflege- und Reinigungsmitteln in Deutschland jährlich „nur" 55 t Mikroplastik eingesetzt werden, sind es in Kosmetik 922 t. Zählt man auch gelöste, gelartige oder wachsartige Polymere dazu, werden in solchen Produkten jährlich gar insgesamt ca. 50.000 t Kunststoffe eingesetzt – das ist so viel, wie 250 Blauwale wiegen!

71

AUF DEN SCHÖNEN SCHEIN VERZICHTEN

Übrigens:

Im Pro-Kopf-Verbrauch liegen die Deutschen mit **2,6 kg pro Jahr** doppelt so hoch wie der EU-Durchschnitt. So viel wiegen übrigens durchschnittlich auch 5 Geburtstagstorten, auf denen wir die Kerzen ja am allerliebsten platzieren.

Bei einem festlichen Essen, abends auf dem Sofa, bei Partys – Kerzen und Teelichter gehören einfach dazu. Doch so schön die Lichter auch sind: Ein Großteil von ihnen wird **aus Paraffin hergestellt,** welches wiederum aus Erdöl gewonnen wird, und bei der Verbrennung von Paraffin entstehen giftige Gase, die sogar Krebs erregen können. Teelichter haben zudem noch den Nachteil, dass sie in kleinen Aluminiumtöpfchen stecken, deren Herstellung sehr umweltschädlich ist und die nach kurzer Zeit im Müll landen.

Nachhaltige Alternativen zu Kerzen aus Paraffin sind Kerzen aus echtem Bienenwachs oder Sojaöl, also aus natürlichen, nachwachsenden Rohstoffen. Diese Rohstoffe sind jedoch sehr kostbar, sodass weniger abbrennen immer noch die umweltschonendste Lösung ist. Apropos nachhaltig: Du kannst Kerzen und Teelichter **länger haltbar machen,** indem du sie in die Tiefkühltruhe legst. Nach 2 Tagen brennt das Teelicht fast eine ganze Stunde länger.

72

FAST FOOD, FAST MÜLL

Fertiges Essen in wenigen Minuten, zum Mitnehmen oder um es vor Ort zu verschlingen, ist sehr beliebt. Der Nachteil: Fast-Food-Restaurants servieren auch bei „Im-Haus-Verzehr" **statt auf Tellern in Einwegverpackungen** und produzieren damit tonnenweise Abfall.

Abgesehen davon, dass es hier kaum vegetarische Alternativen gibt: Das Müllaufkommen durch Fast-Food-Ketten ist immens. Das hast du sicher schon selbst erlebt, wenn du nach einem Besuch dort mit deiner Familie das **Tablett mit all den Schachteln, Tüten und Pappbechern** abgeräumt hast. Kein Wunder, dass sie immer wieder in der Kritik von Umweltschützern stehen – auch wenn bis 2025 „100 % aller Verkaufsverpackungen aus erneuerbaren, recycelten oder zertifizierten Quellen stammen" sollen ...

Übrigens:

Eine sehr bekannte Kette alleine produzierte im Jahr 2016 **46.000 t Müll** durch Verpackungen von Burgern und anderen Speisen, Servietten, Flyer und Trinkhalme. Das entspricht etwa dem Gewicht von 230 Blauwalen!

73

EISGENUSS OHNE MÜLL

Das große Schlecken: **Wir alle lieben Eis!** Egal ob Frucht- oder Milcheis, die üblichen Verdächtigen Schoko, Vanille, Erdbeere oder ausgefallene Kreationen mit Basilikum, schwarzem Sesam oder Mohn-Mango, und egal ob sommers oder winters: Eis ist der Renner.

Und dagegen ist auch überhaupt nichts zu sagen. Das einzige, was du aus ökologischer Sicht bedenken solltest: Kaufe, wann immer das möglich ist, lieber ein Eis in der Waffel statt im Pappbecher. Denn während der Becher in den Abfalleimer wandert, kannst du das **knusprige Hörnchen aufessen** – und so deine Leibspeise genießen, ganz ohne Müll zu verursachen.

Übrigens:

8,7 l Speiseeis wurden im Jahr 2018 pro Kopf in Deutschland konsumiert. Wenn das schon nicht alles in der Waffel serviert werden kann, sollte man einem Eis im Becher zumindest eines am Stiel vorziehen, denn dieser besteht immerhin aus Holz und ist damit biologisch abbaubar. Und es gibt mittlerweile sogar einen Holzstiel, in dem sich Samen von der Frucht der jeweiligen Eissorte befinden: Steckt man den Stiel nach dem Essen in die Erde, sprießt daraus eine Pflanze. Was für eine originelle Idee!

74

DEN STROHHALM EINFACH MAL WEGLASSEN

Sie scheinen für viele unverzichtbar zu sein, ob **im Glas oder in der Flasche:** Wenn ein Getränk serviert wird, steckt darin oft ein bunter Plastikstrohhalm. Und das nicht nur im Restaurant, sondern auch daheim.

Jeden Tag werden weltweit ca. **3–6 Mrd. Plastikstrohhalme** benutzt, das verursacht ganze 900 t Plastikmüll! Würden alle Menschen auf Plastikstrohhalme verzichten, könnten wir also gemeinsam jeden Tag 900 t Plastikmüll einsparen.

Übrigens:

Alleine in Deutschland werden jährlich 40 Mrd. Strohhalme verbraucht. Würde man diese alle aneinanderkleben, würden sie 20 Mal von der Erde bis zum Mond reichen. Wenn du ein Jahr lang eine „Strohhalm-Diät" machst, **sparst du 4 kg Plastik** ein. Und wenn deine ganze Schule mit 500 Schülern deinem Beispiel folgen würde, würde das im Jahr ca. 2007 kg einsparen.

Zum Glück sollen ab 2021 Plastikstrohhalme zumindest EU-weit verboten werden – doch bis dahin muss jeder selbst entscheiden, wie umweltbewusst er handelt. Und das ist gar nicht so schwer, denn es gibt **super Alternativen aus Papier oder Glas,** die weit weniger „kritischen" Müll verursachen.

MACHT DIE GLOTZE AUS!

Wie oft sitzt du mit der Fernbedienung auf dem Sofa und zappst ziel- und wahllos durch die Programme? Es gibt Familien, da flimmert der Fernseher von morgens bis abends – selbst wenn keiner hinschaut. Oder das Fernsehgerät wird zu einer bestimmten Zeit angeschaltet und läuft dann bis zum Schlafengehen. Der eine lässt sich einfach **von den bunten Bildern berieseln,** der andere ist süchtig nach Serien oder Sportsendungen. Oft setzen wir uns auch vor die Kiste, weil wir so schlapp sind, dass wir uns zu nichts anderem mehr aufraffen können – und sehen dann viel mehr fern, als wir eigentlich wollen.

Vielleicht überlegt ihr mal, euren **Fernsehkonsum bewusst zu reduzieren?** Studien sagen, dass Erwachsene im Alter deiner Eltern den Fernseher täglich für 3–4 Std. anschalten. Bei 3 Std. TV pro Tag sind das pro Woche 21 Std., pro Monat 84 Std. und pro Jahr 1092 Std. Dabei gibt es so viele spannende Alternativen, um gemeinsam etwas zu unternehmen!

Strom könntet ihr ganz nebenbei auch noch sparen. Ein Beispiel: Ein Fernsehgerät mit 120 W, das pro Woche 10 Std. läuft, verbraucht dabei 1200 Wh oder 1,2 kWh. Mit diesem Strom könntet ihr auch so **etwas Sinnvolles tun wie ein Mittagessen für die ganze Familie zu kochen.** Und danach habt ihr die Qual der Wahl: ein Buch lesen, sich mit Freunden zum Inlineskaten treffen oder Radfahren gehen? Das spart nicht nur Strom, sondern macht auch mehr Spaß.

Übrigens:

Wie lange die Deutschen Fernsehen schauen, hängt stark vom Alter ab: Während die **14–29-Jährigen** in einer Studie durchschnittlich 76 Min. Fernsehen schauten, lag der Fernsehkonsum der Gesamtgruppe ab 3 Jahren bei mehr als 3 Std. – pro Tag.

76

ÖKO-GELD & ÖKO-STROM

Ein Konto und Strom braucht jeder. Aber ihr habt es in der Hand, euch einen Dienstleister auszusuchen, der nicht nur an euer Geld will, sondern **auch die Umwelt im Blick hat:** Ihr könnt zu einer Ökobank wechseln und Ökostrom beziehen.

Anders als konventionelle Banken investieren Ökobanken für den Klimaschutz in erneuerbare Energien (Solarenergie, Wasser, Wind, Biomasse) sowie in nachhaltige Projekte wie Ökolandbau oder **Baum-Sparverträge.** Und welche Banken wirklich grün und empfehlenswert sind, kannst du mit etwas Recherche leicht herausfinden.

Statt den billigsten Stromanbieter zu wählen, könnt ihr außerdem einen Ökostrom-Tarif wählen. Anders als die konventionellen Brennstoffe (Braunkohle, Steinkohle, Öl, Gas) erzeugen Ökoenergien deutlich **weniger oder sogar überhaupt keine Klimagase** sowie keine umweltschädlichen Abfallprodukte wie radioaktiven Müll (bei Atomstrom). Die unterstützten Quellen sind erneuerbar, was bedeutet, dass sie – anders als Kohle, Öl, Gas und Uran – endlos zur Verfügung stehen. Zu Ökostrom zu wechseln, ist also praktizierter Klimaschutz. Doch auch hier gilt: erst gründlich recherchieren, ob es sich um einen wirklich nachhaltig arbeitenden Anbieter handelt, dann Vertrag abschließen.

Der Ökostrom-Anteil in Deutschland ist im vergangenen Jahr **erstmals über 40 % gestiegen** auf 219 TWh und rund 11,42 Mio. Deutsche (ab 14 Jahren) bezogen Ökostrom. Vor zehn Jahren lag der Anteil von Strom aus Sonnen-, Wind- und Wasserkraft sowie aus Biomasse noch bei nur 16,2 %.

SONNE
WIND
WASSER
BIOMASSE

Übrigens:

Zertifizierter Ökostrom **verursacht etwa 0,6 t weniger CO_2 pro Person und Jahr** als konventionell erzeugter, ausgehend von einem 4-Personen-Haushalt mit einem Jahresverbrauch von 4500 kWh.

77

HANDTÜCHER WECHSELN WIE ZUHAUSE

Gerade im Urlaub ist es wundervoll, nach Strich und Faden verwöhnt zu werden: Das Bett wird gemacht, der Frühstückstisch wartet gedeckt auf euch, und auch **die Handtücher müssen nicht gewaschen werden.** Jedenfalls nicht von euch.

Das ist alles sehr angenehm, denkt aber bitte auch hier immer an die Folgen dieses Luxus, zum Beispiel bei den täglich frisch gewaschenen Handtüchern. Ihr kennt sicher die Schilder, die in jedem Hotelbad hängen: **Handtücher auf dem Boden = bitte austauschen; Handtücher aufgehängt = wir benutzen sie nochmal.** Mit der mehrfachen Verwendung, wie du es zuhause ja auch machst, leistest du einen aktiven Beitrag zum Umweltschutz, denn weltweit werden in Hotels tonnenweise Handtücher gewaschen und entsprechende Mengen an Energie und Waschmittel verbraucht.

Übrigens:

Ein Waschgang mit 10 kg Handtüchern verbraucht mindestens 50 l Wasser und 1,2 kWh Strom. Aus diesem Grund sind auch **Aufenthalte mit nur einer Übernachtung unökologisch,** denn dann hast du gar keine Chance, die Wäsche mehrmals zu benutzen: Dafür, dass du nur einmal duscht, nur einmal unter die Bettdecke schlüpfst und deinen Kopf auf das Kopfkissen legst, werden genauso viele Ressourcen verbraucht, als wärest du länger zu Gast.

78

AUCH HAUSHALTSGERÄTE BRAUCHEN URLAUB

Die Koffer sind gepackt, die Vorfreude ist groß: Bald geht's ab in die Ferien! Nochmal überlegen: Ist alles erledigt, bevor ihr das Haus verlasst? Die Nachbarin hat versprochen, die Blumen zu gießen, den Briefkasten zu leeren und eure Wellensittiche zu füttern, und dein Zimmer ist ordentlich aufgeräumt, damit du dich bei deiner Rückkehr freuen kannst. Was noch auf eurer Checkliste stehen sollte: vor dem Urlaub **alle Geräte ausstecken.**

Wie ihr wisst, ziehen Elektrogeräte Strom, auch ohne in Benutzung zu sein. Gerade bei den großen Stromfressern Kühlschrank und Gefrierschrank ist das wichtig. Wenn ihr also länger weg seid, macht diese Geräte zuvor komplett leer, taut sie ab und steckt sie aus. **Abtauen ist sowieso ab und zu fällig** – zum einen, um sie gründlich zu reinigen, zum anderen, da das überschüssige Eis, das sich gerade bei Gefriergeräten schnell bildet, die kalte Luft zwischen dem Gefriergut am Zirkulieren hindert und die Tür nicht mehr richtig schließen kann. Beides verbraucht Energie, die man sich sparen kann.

Um die Geräte rechtzeitig leer zu haben, solltet ihr schon in der Woche vorher darauf achten, die **verderblichen Lebensmittel nach und nach aufzubrauchen.** Was übriggeblieben ist, nimmt die Nachbarin sicher gern. Und dann nur noch die Türen offenstehen lassen, sonst kann sich Schimmel bilden.

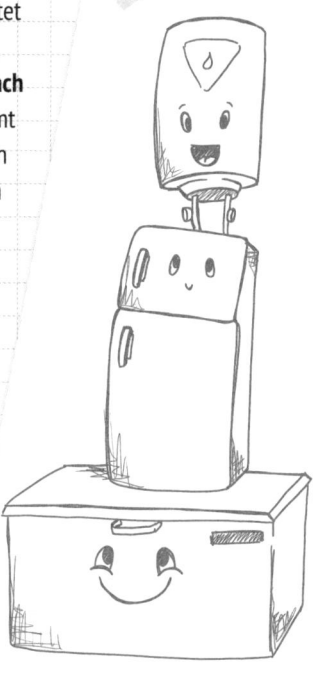

Übrigens:

Auch den **Elektroboiler solltet ihr abstellen,** wenn ihr ihn länger nicht braucht. Denn der Warmwasserspeicher verbraucht permanent Strom, um Wasser warm zu halten (diese „Bereitschaftsverluste" liegen bei ca. 1 kWh pro Tag). Bei großen Boilern lohnt sich das erst ab einer einwöchigen Abwesenheit; kleinere können (und sollten) hingegen immer vom Stromnetz getrennt werden.

79

KEINE INLANDS-FLÜGE MACHEN

Wenn du innerhalb Deutschlands von A nach B willst, ergibt es wenig Sinn, das Flugzeug zu nehmen. Da du einige Zeit vorher da sein und durch die Sicherheitskontrollen musst, ist das Ganze häufig **sogar zeitaufwendiger als eine Bahnfahrt.** Und auch ökologisch gesehen ist Fliegen keine Alternative: Auf der Strecke Frankfurt–Berlin verursacht ein Inlandsflug beispielsweise ca. 81,2 kg CO_2 pro Person, die Bahn nur ca. 26 kg CO_2 pro Kopf.

Ein Auto, besetzt mit 1 Person, verursacht sogar noch mehr CO_2 – ca. 94,2 kg. Aber: **Je mehr Personen mitfahren, desto mehr sinkt der anteilige Verbrauch** an Benzin und damit der CO_2-Ausstoß (auch wenn, wie du ja weißt, mehrere Personen auch etwas mehr Kraftstoffverbrauch bedeuten). Und beim Bus sind es, da viele Leute transportiert werden, nur etwa 19,2 kg CO_2 pro Kopf.

Übrigens:

Beim Flugzeug kommt noch hinzu, dass **Abgase in großen Flughöhen noch umweltschädlicher wirken,** wie der Radiative Forcing Index (RFI) abbildet: Demnach muss man die CO_2-Emissionen mit dem Faktor 2,7 multiplizieren, um die tatsächliche Auswirkung aufs Klima zu berechnen.

WARUM IN DIE FERNE SCHWEIFEN ...

... wenn das Gute liegt so nah? Ok, Palmen haben wir nicht zu bieten. Aber ansonsten ist Deutschland ein wunderschönes, abwechslungsreiches Land. Wie wäre es also mal mit einem **Urlaub in der Heimat** statt einer Flugreise zu weit entfernten Zielen?

Ein guter Plan für deine nächsten Ferien wäre ein Radurlaub. Zahlreiche **Fernradwege führen entlang der großen Flüsse** durch ganz Deutschland – und teilweise sogar bis in die Nachbarländer. Der Donauradweg beispielsweise führt von Donaueschingen (Baden-Württemberg) über Passau und Wien bis nach Ungarn. Am beliebtesten ist aber der Elbradweg, der von Cuxhaven an die tschechische Grenze reicht und besonders für Anfänger und Familien mit Kindern geeignet ist.

Übrigens:

Fliegen ist seit dem Aufkommen der Billig-Airlines sehr in Mode, jährlich gehen bei diesen **3 Mrd. Passagiere** an Bord, Tendenz steigend. Ungefähr 3,7 l Treibstoff verbraucht ein Flugzeug pro Passagier auf 100 km, bei einem **Langstreckenflug** (z.B. London – Sydney) verursacht das 5 t CO_2 pro Person, oder anders ausgedrückt: bis zu 20 % der Treibhausgase, die ein Auto innerhalb eines Jahres verursacht.

KEINE „STEHRÜMCHEN"-SOUVENIRS

Überall auf der Welt sprießen dort, wo Touristen sind, Andenken-läden wie Pilze aus dem Boden. Um diese solltest du im Urlaub einen großen Bogen machen. Denn meist wird dort doch nur **billiger Tinnef** angeboten, den niemand braucht und der schlimmstenfalls postwendend im Müll landet. Kaufe lieber ein tolles landestypisches Gewürz, das dich am heimischen Esstisch an den Urlaub erinnert, oder Schmuck oder einen Hut. Oder mache Fotos, die du dir ausdrucken und übers Bett hängen kannst.

Wovon du auf jeden Fall die Finger lassen solltest: vom Aussterben bedrohte Arten oder Produkte daraus, etwa Schnitzereien aus (Stoß-) Zähnen von Nashörnern und Elefanten oder **Haarspangen aus Schildpatt von Meeresschildkröten.**

Sie zu verkaufen (und zu kaufen), ist nicht nur strafbar, sondern auch Raubbau an der Natur und eine **existenzielle Bedrohung**: Etwa 30 % der von der Weltnaturschutzunion IUCN untersuchten Tiere und Pflanzen sind unter anderem dadurch bedroht.

Übrigens:

Sich von einer Reise ein **lebendes Souvenir** mitzubringen, scheint ein (unsäglicher!) Trend: Am Zoll in Frankfurt wurden 2015 über 4600 lebende Tiere sichergestellt, am häufigsten Schildkröten, Leguane, Warane, Spinnen und Frösche.

82

NO MORE LAMETTA

Viele Familien hängen ganze Fontänen von goldenem, silbernem oder bunt glitzerndem Lametta, auch Engelshaar genannt, an ihren Christbaum. Doch die dünnen Streifen lassen sich schwer wieder entfernen; der Baum ist dadurch nicht mehr weiterverwertbar. Lametta kann (wie beschichtete Christbaumkugeln) **schädliches Blei** enthalten – und gehört auf den Sondermüll. Du solltest den Baum auch nicht mit Silber- oder Goldspray besprühen, da er dadurch nicht mehr kompostierbar ist.

Für einen Bio-Baum oder einen Baum aus heimischen Wäldern, der nicht „totgeschmückt" wurde, gibt es viele Möglichkeiten, wie er auch nach Weihnachten noch zu etwas nütze sein kann: Er kann in Wildparks oder Zoos als Futter oder Spielzeug für die Tiere dienen, als **Kratzbaum für eure Katzen,** oder ihr macht aus einigen Ästen Sitzstangen für den Vogelkäfig. Mit dem Tannengrün können Beete oder Balkonkästen vor Frost geschützt werden.

Übrigens:
Wenn ihr den Christbaum nicht anderweitig verwendet, legt ihn zu Anfang des neuen Jahres **an den Straßenrand.** In vielen Städten und Gemeinden werden die Weihnachtsbäume dann von Vereinen eingesammelt.

83

ZEIT STATT ZEUG VERSCHENKEN

Zu Weihnachten und auch, wenn Verwandte oder Freunde Geburtstag haben, stellt sich oft die Frage: **Was könnte ich bloß schenken?** Denn eigentlich hat jeder schon alles, was er zu seinem Glück braucht – und noch viel mehr.

Womit du sicher allen eine Freude machen kannst: mit geschenkter Zeit, etwa einem **Gutschein für eine gemeinsame Unternehmung.** Oder für etwas, was du für den Beschenkten oder die Beschenkte tun willst, damit sie oder er mehr Freizeit hat. Das ist viel sinnvoller, als aus der Not heraus einfach irgendetwas zu besorgen.

Geschenke, die man nicht kaufen kann, sind die wertvollsten. Hier kommen **ein paar Ideen für dich:** Ein gemeinsamer Kino- oder Konzertbesuch. Das Angebot, mit dem Hund spazieren zu gehen oder babyzusitten. Im Garten helfen oder im Haushalt. Ein frei bestimmbarer Gefallen. Die Zubereitung eines Essens. Oder ein gemeinsames (Bastel-) Projekt.

Übrigens:

Ein ganz persönliches Geschenk ist ein **handgeschriebener Brief,** in dem du alles sagst, was du der oder dem anderen schon immer einmal sagen wolltest. Das ist gut angelegte Zeit ...

84

HERZENSWUNSCH STATT „GUT GEMEINT"

Kleinkinder tun es sowieso: einen Wunschzettel fürs Christkind schreiben. Folge doch wieder mal ihrem Vorbild und überlege dir, womit du gern beschenkt werden würdest zum nächsten Fest. Sonst ist die Gefahr groß, dass du **etwas auspackst, was dir nicht gefällt** oder was du nicht brauchst.

Übrigens:

Man kann im Internet einen **digitalen Wunschzettel** anlegen, den man teilen kann. Wunschprodukte aus Online-Shops können dort ebenfalls „deponiert" und direkt bestellt werden.

Geschenke, die keinen Raubbau an der Umwelt treiben oder gar das Klima schützen, sind zum Beispiel Naturkosmetik, grüne Mode, fair Produziertes oder Nützliches aus Materialien, die möglichst lange halten. Bei der Suche nach Ideen helfen **nachhaltige (Online-)Shops** – und dieses Buch: Wie wäre es mit einem Bienenhotel für draußen? Einem Rucksack aus recycelten Materialien? Einem Buch vom Buchhändler vor Ort?

Ein besonderes Highlight: **ein eigener Baum** oder ein Stück Regenwald. Damit kannst du eine Organisation wie PRIMAKLIMA e.V. bei der Wiederaufforstung unterstützen. Oder du wünschst dir Spenden deiner Gäste an Umwelt- oder Hilfsorganisationen wie Greenpeace oder Ärzte ohne Grenzen.

KEINE KNALLEREI!

Es ist ein **alter Brauch,** an Silvester Böller abzufeuern und ein Feuerwerk zu veranstalten, um die Geister des alten Jahres zu vertreiben und das neue Jahr zu begrüßen. Und es ist jedes Mal wieder ein Riesenspektakel.

Die vielen Knaller & Co., die in der Neujahrsnacht gezündet werden, lassen aber auch die **Feinstaubbelastung in die Höhe** schnellen. Wenn das Schwarzpulver in den Raketen verbrennen, entstehen Kohlendioxid, Schwefeldioxid sowie Ruß, der als Feinstaub in der Luft bleibt.

> **Übrigens:**
> In den Silvesternächten werden **bis zu 4000 mcg Feinstaub pro m³ Luft** gemessen. Zum Vergleich: In Städten liegt die Höchstgrenze für Feinstaub bei 50 mcg/m³.

Die Belastung der Umwelt ist extrem: In jeder Stadt kommen **mehrere Tonnen Müll** durch die abgebrannten Böller und die Plastikverpackungen zusammen. Die kleinen Plastikteile der zerborstenen Geschosse, die auf dem Rasen herumliegen, werden zudem von

Tieren oftmals mit Futter verwechselt. Für Vögel, Rehe, Igel und andere Wildtiere ist auch die Lautstärke eine Zumutung, genau wie für Haustiere. Ein guter Grund, selbst auf das Abschießen von Böllern zu verzichten.

86

CHRISTBAUM REGIONAL & BIO

Übrigens:

Der Öko-Fußabdruck eines Plastikbaums ist durch den Energieeinsatz für Produktion, Entsorgung und Import (meist aus Fernost) so groß wie der von 20 echten Bäumen. 1 ha Weihnachtsbaumkultur bindet in 10 Jahren 145 t CO_2 und 300 t Staubpartikel und **sorgt für 100 t Sauerstoff.** Letzteres entspricht 5 vollen Schulbussen (à 20 t).

Er gehört zu Weihnachten wie Ostereier zu Ostern: der Weihnachtsbaum. Doch **woher kommen diese ganzen Bäume** eigentlich?

In Deutschland werden jährlich etwa **25 Mio. Tannenbäume** verkauft, die meisten wachsen auf ungefähr 50.000 ha Weihnachtsbaumplantagen, für die teilweise sogar Wälder gerodet werden. Hier kommen umweltschädliche Dünge-, Unkrautvernichtungs- und Schädlingsbekämpfungsmittel zum Einsatz, sodass sehr viele Bäume hochgradig damit belastet sind. Viele an konventionellen Verkaufsständen angebotene Bäume haben zudem oft weite Transportwege hinter sich, unter anderem aus Dänemark.

Deshalb solltet ihr einen **Bio-Weihnachtsbaum aus der Region** kaufen. Zwar stammen nur 5 % aller Tannenbäume direkt aus dem Wald – aber vielleicht kann man ja in eurer Nähe den Baum direkt beim Förster aussuchen.

87

EIN SMARTES PHONE IST ALT!

Auf dem Schulhof ist es ein großes Thema: Wer hat das modernste Handy? **Je älter das Smartphone, desto uncooler** ist man. Doch in puncto Nachhaltigkeit sind ständig neue Handys überhaupt nicht cool.

Wer sein Handy mehrere Jahre benutzt, würdigt zumindest die harte Arbeit mehr, die dahintersteckt. Der Abbau der Rohstoffe, die für die Geräte benötigt werden, ist für die Arbeiter – darunter viele Kinder – gefährlich, **die Arbeitsbedingungen (ohne Schutzkleidung) sind katastrophal,** der Stundenlohn ist mager.

Auch in den Ländern, in denen die Handys dann zusammengebaut werden – in der Regel China oder Indien – bekommen die Arbeiter (meist junge Frauen) so wenig Geld, dass sie quasi **rund um die Uhr arbeiten müssen,** um ihre Familien ernähren zu können. Immer wieder hört man zudem, dass sie direkt mit Chemikalien in Kontakt kommen.

Übrigens:

Auch Umweltschutz zählt wenig in den Minen in Südamerika, Afrika und Asien und in den Produktionsstätten. Der Transport der Rohstoffe und der fertigen Produkte rund um den Globus verursacht zudem immense Abgase, erhöhen so den CO_2-Ausstoß und hinterlassen **irreparable Umweltschäden.**

ERSTE HILFE FÜR DEIN HANDY

Oft ist eine Reparatur teurer als ein Neugerät, gerade bei Handys. Aber **aus Gründen der Nachhaltigkeit** sollte man zumindest einen Kostenvoranschlag einholen, bevor man sein Smartphone in den Wind schießt. Manchmal kann man sogar selbst noch was tun.

Am häufigsten kaputt geht **das Display.** Falls du zu den wenigen gehörst, denen ihr Handy noch nie runtergefallen ist: Schütze dein Gerät mit einem Bumper, einer stoßfesten Hülle, und Panzerglasfolie, um das Zerspringen des Bildschirms bei einem Sturz zu verhindern.

Einen **Plumps in die Badewanne** oder in die Toilettenschüssel kann es überleben, wenn du es direkt rausfischst und ausschaltest, Akku und SIM-Karte rausnimmst und das komplette Gerät mit Papier abtupfst. Dann einige Tage an einem warmen Ort (aber nicht auf der Heizung!) trocknen lassen (nein, nicht föhnen!).

Bei Wackelkontakten oder **Problemen mit der Ladebuchse** kann eine Reparatur glücken. Und wenn der Akku im Laufe der Jahre schwächer wird, ist dieser leicht zu ersetzen.

Übrigens:

Schlau ist, **wer ein möglichst leicht reparierbares Modell kauft.** Online kannst du dich über die am besten reparierbaren Handys informieren.

89

AKKU SCHONEN = RESSOURCEN SCHONEN

Man könnte einem Handy-Akku durchaus eine **gewisse Zickigkeit** unterstellen: nicht zu viel aufladen, aber bitte auch nicht zu wenig, nicht zu früh, aber auch nicht zu spät. Es ist nicht ganz einfach, es so einem Akku recht zu machen. (Das gilt übrigens für alle Akkus.)

Allerdings hängt vom schonenden Umgang ja auch sein Leben ab, und wenn du wertvolle Ressourcen schonen willst, solltest du Folgendes wirklich beachten: Lade dein Smartphone so selten wie möglich und erst, wenn der Ladebalken nur noch 20–30 % anzeigt, nicht früher. Und wenn 80 % erreicht sind, nimm ihn vom Strom. Deshalb ist ein Aufladen über Nacht nicht sinnvoll, da du dann keine Kontrolle hast.

Und wie immer ist Reduzieren die beste Lösung. **Am meisten Strom brauchen** Spiele sowie Social-Media-Apps, die ständig Informationen abfragen. Auch die Bildschirmhelligkeit und das Navigieren strapazieren den Ladebalken. (Darum immer den Bildschirm ausschalten, solange du Bescheid weißt, wo es langgeht.) Auch der Energiesparmodus hilft.

Übrigens:

In einem Handy stecken insgesamt 30 Metalle, die unter schwierigen Bedingungen abgebaut werden müssen und teilweise zu den **„seltenen Erden"** zählen, die weltweit immer knapper werden. Eine davon ist Kobalt, das in den Lithium-Ionen-Akkus aller Mobilgeräte eingesetzt wird.

90

ALTE HANDYS
SIND GOLD WERT

Hast nicht auch du noch ein Handy in der Schublade, das niemand mehr benutzt? Oder zwei oder drei? Da bist du in guter Gesellschaft: Rund 124 Mio. liegen in Deutschland herum, das sind rein rechnerisch **1,55 Handys pro Einwohner.**

Und genauso schlimm: Viele Menschen entsorgen ihre Mobiltelefone im Hausmüll – **dabei kann man 80 % des Gerätes wiederverwenden!** Beim Recycling werden Teile, die gefährliche Stoffe erhalten wie der Akku, fachgerecht entsorgt; Wiederverwendbares und Edelmetalle wie Kupfer, Gold und Silber werden herausgelöst und neu verarbeitet.

Übrigens:

Deine Klasse mit 30 Schülern hat also (zumindest theoretisch) rund 46 Handys zu Hause rumliegen. Da pro recyceltem Gerät **150 mg Silber,** 25 mg Gold und 9 g Kupfer gewonnen werden können, sind das ca. 7 g Silber, 1 g Gold und 400 g Kupfer, mit denen neue Handys gebaut werden könnten – alles in euren Schubladen verteilt!

Gib also schleunigst ausrangierte Handys (und alle anderen Elektrogeräte) beim Recyclinghof ab oder spende sie an gemeinnützige Organisationen, die sie an Recyclingfirmen zur Weiterverwertung geben. Wenn sie noch funktionieren, kannst du sie natürlich auch selbst **verkaufen oder verschenken** – Hauptsache, sie bekommen nochmal einen Zweck.

91

SENDEPAUSE FÜRS WLAN

In so gut wie jedem Haushalt existiert ein Router, der das WLAN zur Verfügung stellt und per Funk eine Verbindung zum Internet herstellt. Die wenigsten tun es, aber diesen über Nacht auszuschalten, tut wirklich nicht weh. Denn das WLAN wird ja **nur benötigt, wenn ihr ins Netz wollt.**

Meist lässt sich die WLAN-Funktion einfach über eine Taste am Router ausstellen. Gewöhnt euch das Ausschalten als neue Routine an, beispielsweise abends immer vor dem Zähneputzen. Man kann auch eine **Zeitsteuerung** für den WLAN-Betrieb festlegen, die das WLAN automatisch zu einer bestimmten Zeit abstellt. Und auch wenn ihr in den Urlaub fahrt, sollte das WLAN „Sendepause" haben.

Übrigens:

Das Ausschalten des Routers bei Nacht oder tagsüber, wenn niemand zu Hause ist, spart rund 2 W. Das scheint wenig, summiert sich aber in 1 Woche, in der der Router täglich 8 Std. „schläft", auf bis zu 1,1 kWh – und das ist etwa **der Verbrauch für rund 11 Std. Fernsehen.**

GRÜNER SUCHEN

Hast du dich schon mal gefragt, **was eine Suchanfrage im Internet die Umwelt kostet?** Nein? Trotzdem ist hier die Antwort: Wenn du mit einer Suchmaschine nach einem Begriff suchst, verbrauchst du 4 Wh Strom und verursachst 2 g CO_2-Ausstoß – so viel, wie eine Energiesparlampe verbraucht, die 1 Std. lang brennt. Hm... Vielleicht ist die eine oder andere Suche ja gar nicht nötig?!

Andererseits: Ganz ohne Suchen und Suchmaschinen geht es auch nicht. Eine gute Wahl dafür ist die „grüne" Suchmaschine Ecosia. Sie **betreibt ihre Server mit Ökostrom** und verwendet Gewinne, um weltweit Bäume zu pflanzen, die wiederum CO_2 kompensieren. Das Ziel: 1 Mrd. neue Bäume bis 2020! Daneben gibt es auch alternative E-Mail-Anbieter wie Posteo, die zu 100 % mit Ökostrom arbeiten und regelmäßig an gemeinnützige Organisationen aus dem Umwelt- und Klimaschutzbereich spenden.

Übrigens:
Je 50 Suchanfragen über Ecosia wird **ein neuer Baum gepflanzt.** Und jeder Baum reduziert das CO_2 in der Atmosphäre in seiner Lebenszeit um 50 kg. Würden über Ecosia so viele Suchanfragen gestellt wie üblicherweise über Google, könnten dafür genug Bäume gepflanzt werden, um 15 % der weltweiten CO_2-Emissionen zu binden.

93

DEN HELFERN EINE PAUSE GÖNNEN

Was wäre ein Computer ohne Monitor? Ganz einfach: unbrauchbar. Ähnlich unverzichtbar sind für uns meist auch Drucker und Scanner. Und **stets sind all diese Helferlein hellwach** – dabei können sie sich, wenn wir etwas anderes machen, getrost schlafen legen.

Geräte, die immer bereit sind, verbrauchen auch immer Energie – selbst wenn sie nicht arbeiten. Der durchschnittliche Stromverbrauch eines Monitors liegt bei ca. 45 W, in 8 Std. benötigt er also 360 W und in 22 Std. 1 kWh. Wenn du nun an 20 Tagen im Monat für die Schule am Computer sitzt, fürs **Gassigehen mit dem Hund** aber jeweils 1 Std. Lernpause machst und den Monitor dabei ausschaltest, spart das also schon fast 1 kWh!

Übrigens:

Ein Tintenstrahldrucker in Aktion benötigt mit 25 W viel weniger Strom als ein Laserdrucker (500 W), denn **der Laserdrucker muss auf ca. 200 °C aufgeheizt** werden. Überlege dir beim Letzteren daher vorher, was du drucken willst, und erledige das alles auf einmal, sonst muss er mehrfach aufheizen – und das bedeutet mehrfachen Energieverbrauch.

Wird der Drucker nicht gebraucht, **schaltet er in den Sleep-Modus.** Doch auch dann verbraucht er noch ca. 7 W. Wenn du den Drucker an einem Tag also nicht mehr brauchst, schalte ihn ab. Ähnliches gilt für den Scanner.

94

WERBUNG ABBESTELLEN

Kennt ihr das auch? Der Briefkasten ist mal wieder übervoll – und gut zur Hälfte mit **Werbeprospekten, die meist direkt in die Tonne wandern.** Das nervt? Kein Problem: Auch wenn ihr nicht darum gebeten habt, diese Zettel zu bekommen, könnt ihr darum bitten, sie nicht mehr zu bekommen.

Die Lösung ist ein Schild mit „Bitte keine Werbung!" auf dem Briefkasten. Darüber hinaus könnt ihr bei Firmen, die dicke Kataloge versenden, anrufen und diese abbestellen – und stattdessen den Newsletter abonnieren, wenn euch die Produkte interessieren! Jeder deutsche Haushalt wird mit ungefähr 33 kg Werbung im Jahr „beglückt". Insgesamt landen über **1,1 Mio. t Papierwerbung in den Briefkästen,** für deren Herstellung Urwälder abgeholzt, ca. 14 Mrd. l Wasser verbraucht und etwa 1 Mio. t CO_2 ausgestoßen wurden.

Übrigens:

Nur China, die USA und Japan verbrauchen mehr Papier als Deutschland, wo **pro Kopf im Durchschnitt jährlich 250 kg** verbraucht werden. Ein Aufkleber gegen Werbepost kann diesen Verbrauch um bis zu 7 % reduzieren. Und wenn du dann noch Dokumente oder Mails nur ausdruckst, wenn du sie wirklich Schwarz auf Weiß brauchst, sparst du zusätzliches Papier sowie Druckerpatronen, Tinte und Strom.

BITTE KEINE WERBUNG EINWERFEN!

95

KEINE PAKETEFLUT

Es ist ja üblich, von Turnschuhen über Handys bis zum Konsolen-Controller alles online zu bestellen und nach Hause liefern zu lassen. Alleine letztes Jahr wurden in Deutschland **3,35 Mrd. Sendungen** zugestellt, pro Haushalt durchschnittlich 41 Lieferungen.

Doch jede Zustellung verursacht ca. 277 g CO_2-Emissionen. Und wenn keiner zu Hause ist und der **Paketbote nochmal wiederkommen muss,** vervielfacht sich das noch. Selbst wenn jedes Paket gleich beim ersten Versuch übergeben werden könnte, wären das bei immer noch mindestens 11,3 kg CO_2 pro Haushalt und Jahr.

Besorge Dinge daher **möglichst vor Ort.** Schulmaterialien beispielsweise können deine Eltern mitbringen, wenn sie ohnehin zum Einkaufen fahren. Und wenn das, was du brauchst, nicht in der Nähe zu bekommen ist und du bestellst es, erteile zumindest dem Paketdienst eine Abstellgenehmigung, damit die Lieferung irgendwo deponiert werden kann, falls keiner zu Hause ist.

Übrigens:

Wenn du **im Monat 1 Paket weniger** bekommst, spart das im Jahr schon 12 Pakete ein und mindestens 3,3 kg CO_2. Wenn jeder der rund 42 Mio. Privathaushalte in Deutschland das machen würde, **wären das ca. 504 Mio. Pakete pro Jahr weniger** – und mindestens 126 Mio. kg CO_2.

96

DEIN FREUND, DER BLAUE ENGEL

Übrigens:

Ein Schulheft hat in der Regel 28 Seiten, die 200 Mio. Schulhefte, die jährlich in Deutschland verbraucht werden, haben also ca. 5,6 Mrd. Blatt. Wenn alle Schüler Blauer-Engel-Hefte kaufen würden, würde das so viel Energie einsparen, dass **11,2 Mio. LED-Lampen 36 Tage lang ununterbrochen leuchten** könnten!

Kaum hast du ein neues Heft angefangen, ist es auch schon wieder voll: Schulhefte sind echte Papiervernichter! Bundesweit werden pro Jahr ca. **200 Mio. Schulhefte vollgeschrieben.** Doch man braucht sie eben. Mit der Wahl des Schulheftes kannst du der Umwelt dennoch etwas Gutes tun.

Umweltfreundlich sind nämlich **Hefte mit dem Blauen Engel** vorne drauf, denn der zeigt an, dass das Heft aus 100 % Altpapier besteht und dass keine Chemikalien wie Chlor oder optische Aufheller verwendet wurden.

Bei der Herstellung von Recyclingpapier werden 70 % Wasser eingespart gegenüber der Herstellung von Frischfaserpapier. Und es müssen dafür keine zusätzlichen Bäume gefällt werden. Zudem **spart schon die Produktion von 500 Blatt Recyclingpapier** im Vergleich zu 500 Blatt Frischfaserpapier so viel Energie, dass eine LED-Lampe mit 5 W ganze 880 Std. lang brennen könnte – das sind 36 Tage. Bisher ist leider nur 1 von 10 gekauften Schulheften aus 100 % Recyclingpapier.

97

PLASTIKFREIE RATZEFUMMEL

Weißt du, woraus der Radiergummi in deinem Schulmäppchen besteht? Nein? Die Antwort wird dich vermutlich überraschen: Herkömmliche Radiergummis enthalten Kunststoff. Das heißt, jedes Mal, wenn du etwas wegradierst, **fliegen kleine Plastikkrümel durch die Gegend.** Das ist nicht besonders gut.

Zumindest sollte dein Kunststoffradierer **kein Polyvinylchlorid (PVC)** enthalten, denn das wiederum enthält meist Phthalate als Weichmacher, die als gesundheitsschädlich gelten. Am besten sind jedoch Radiergummis aus Naturkautschuk.

Der Vorteil: Naturkautschuk wird aus Latex hergestellt, dem gummiartigen Stoff in der Pflanzenmilch des Kautschukbaums, und ist insofern ein **nachwachsender Rohstoff.**

Übrigens:

Ein Radiergummi aus Kautschuk schmiert weniger als einer aus PVC und kann sogar **den (giftigen) Tintenkiller ersetzen.** Und für die Umwelt sind Kautschukbäume – die meisten wachsen in Asien – auch gut, denn ihre Wurzeln lockern den Boden auf, sodass der Regen darin versickert und das Erosions- und Überflutungsrisiko reduziert wird.

98

SCHULRANZEN WERDEN NICHT RANZIG

Sicher erinnerst du dich noch an deinen ersten Schultag und wie stolz du auf deinen Ranzen warst. Wie viele hast du seitdem besessen? Und wie viele davon waren neu? 10 % der 725.257 i-Dötzchen, die zum Schulbeginn 2017/2018 hierzulande eingeschult wurden, haben ihren Ranzen von älteren Geschwistern übernommen oder einen gebrauchten bekommen. Im Umkehrschluss heißt das: **Es wurden mehr als 650.000 neue Schulranzen gekauft!**

Spätestens nach den vier Grundschuljahren werden die Ranzen erstmals aussortiert und ein neuer Ranzen oder Rucksack muss her – was nicht unbedingt damit zu tun hat, dass man den alten nicht mehr benutzen könnte. Wenn man beim Kauf auf Qualität achtet und **wenn man pfleglich damit umgeht,** ist so ein Ranzen sehr lange nutzbar.

Übrigens:

Ein **hochwertiger gebrauchter Ranzen** hält locker nochmal 4 Jahre und ist viel besser als ein billiger neuer. Von denen braucht man in den 4 Jahren vermutlich 2, und später nochmal mindestens 2 – die doppelte Anzahl also, als hättest du dich gleich für einen guten aus zweiter Hand entschieden. Und außerdem schont der gebrauchte Ressourcen, und das schont die Umwelt und ist ein prima Beitrag zum Klimaschutz.

AUS HOSE MACH MÄPPCHEN

Über 1 Mio. t Textilien werden jedes Jahr in Deutschland aussortiert. Das meiste davon landet – wenn nicht im Secondhand-Laden oder im Hausmüll – in einem Altkleidercontainer. Aber was passiert dann eigentlich damit?

Altkleider, die in einen Sammelcontainer geworfen oder bei einer Haustürsammlung abgegeben werden, gehen meist an gewerbliche Textilverwerter; bei Containern von gemeinnützigen Organisationen werden mit dem Erlös daraus soziale Projekte unterstützt. Da in den Containern verschiedenste Textilien in unterschiedlichster Qualität sind, werden sie zunächst **sorgfältig und aufwendig sortiert,** um sie in „secondhand-tauglich" und „nicht mehr tragbar" zu trennen; Letztere werden dann stofflich verwertet.

Doch bevor du Klamotten in den Container schmeißt, überlege, was du daraus noch machen kannst. Wie wäre es mit einem Mäppchen? Das ist doch **viel schöner und origineller als die billigen Plastikmäppchen,** die jeder hat. Oder du hüllst deine Bücher in ein Stoffkleid statt in Plastik.

Übrigens:
Durchschnittlich eignen sich noch 50–55 % der Containerinhalte als **Secondhand-Kleidung.** Doch auch von den übrigen Teilen muss längst nicht alles auf der Müllkippe landen, denn vieles lässt sich noch zu Putzlappen oder Ähnlichem verarbeiten.

STROMSPARER ZUM MITNEHMEN

Ein Laptop (aus der Kombination der englischen Wörter „lap" = Schoß und „top" = Oberfläche) braucht schon mal **wesentlich weniger Platz** als ein Desktop-PC, der sich über deinen ganzen Schreibtisch ausbreitet. Denn während der klassische PC noch eine Extra-Tastatur und einen Monitor hat, die ebenfalls irgendwo Platz finden müssen, sind Tastatur, Touchpad und Display beim tragbaren Computer integriert.

Mit dem Laptop kannst du zudem **an jeder beliebigen Stelle** arbeiten – mal in deinem Zimmer, mal am Küchentisch oder gar auf der Terrasse. Dafür brauchst du, wenn der Akku aufgeladen ist, noch nicht mal eine Steckdose in der Nähe; WLAN reicht.

Übrigens:

Und der Umweltvorteil? Ganz einfach: Der Laptop hat mit 30 W einen **viel geringeren Stromverbrauch** als ein Desktop-PC, welcher im Durchschnitt 100 W benötigt. Angenommen, dein Vater arbeitet an 220 Arbeitstagen jeweils 8 Std. am Laptop, dann verbraucht er damit also 52,8 kWh statt 176 kWh mit einem Desktop-PC.

PLATZ FÜR DEINE IDEEN

Sicher fallen dir selbst auch noch ganz viele Dinge ein, wie du zum Klimaschutz beitragen und nachhaltig leben kannst. Schreibe sie hier auf, damit du sie nicht vergisst, oder notiere dir weitere spannende Informationen zum Thema.

PLATZ FÜR DEINE IDEEN

PLATZ FÜR
DEINE IDEEN

ÜBER DIE ARBEIT
VON PRIMAKLIMA

Mit dem Verkauf dieses Buches unterstützen wir die Arbeit von PRIMAKLIMA e. V. und leisten so einen **aktiven Beitrag zum Klimaschutz**. Doch was ist PRIMAKLIMA e. V. eigentlich?

Wie du ja weißt, entziehen Bäume der Atmosphäre das schädliche Kohlenstoffdioxid, CO_2, und spalten dieses auf in Kohlenstoff, den sie speichern, und in Sauerstoff, den sie an die Luft abgeben und den alle Lebewesen zum Atmen brauchen. **Leider werden aber weltweit immer mehr Wälder gerodet und Bäume gefällt**, um daraus z. B. Papier herzustellen oder um auf den ehemals bewaldeten Flächen andere Pflanzen anzubauen, etwa Ölpalmen für die Palmölproduktion.

Da die CO_2-Belastung in der Atmosphäre immer höher wird und dies den Klimawandel beschleunigt, ist es heute wichtiger denn je, dass wir genug Bäume auf der Erde haben. Und genau dafür setzt sich der gemeinnützige Verein PRIMAKLIMA seit 1991 ein. **Weltweit sorgt PRIMAKLIMA dafür, dass Wälder aufgeforstet und erhalten werden, und pflanzt neue Wälder an.**

Das Projekt, das wir mit diesem Buch unterstützen, ist zum Beispiel in Nicaragua. Dabei wird die Bevölkerung vor Ort darin unterstützt, **eine nachhaltige Forstwirtschaft einzuführen und neue Mischwälder anzupflanzen.** Wenn Wälder nämlich nur aus einer Baumart bestehen, können nur eine beschränkte Zahl von Tier- und Pflanzenarten darin leben, da die einzelnen Baumarten nur bestimmten Tier- und Pflanzenarten einen Lebensraum bieten können. Mit Mischwäldern wird darum nicht nur die Bindung von CO_2 gefördert, sondern sie dienen auch noch dem Artenschutz, da sie Lebensraum für viele verschiedene Tiere und Pflanzen schaffen.

In den ersten Jahren nach der Pflanzung bekommen die Kleinbauern regelmäßig Geld für die Pflege der Bäume. Im Laufe der Zeit werden die Menschen davon unabhängig, weil sie Geld durch die Nutzung des Holzes verdienen, z. B. durch den Verkauf von selbstgemachten Holzbrettchen. Ganz wichtig dabei ist die nachhaltige Bewirtschaftung, also **dass nie mehr Holz aus dem Wald entnommen wird, als auf natürliche Weise nachwächst.** Die Menschen sichern so dauerhaft ihre Existenzgrundlage und die Ernährung ihrer Familien.

Wie bei Lebensmitteln gibt es übrigens **auch für gemeinnützige Organisationen und Vereine Siegel,** die bescheinigen, dass die Organisation die Spendengelder auch wirklich sinnvoll einsetzt. Ein solches Siegel ist etwa das DZI Spenden-Siegel vom Deutschen Zentralinstitut für soziale Fragen, das PRIMAKLIMA schon seit mehr als 8 Jahren als förderungswürdig auszeichnet.

BUCHEMPFEHLUNGEN FÜR DICH

TOPP 8423

ISBN 978-3-7724-8423-0

TOPP 7653

ISBN 978-3-7724-7653-2

TOPP 7732

ISBN 978-3-7724-7732-4

TOPP 7717

ISBN 978-3-7724-7717-1

TOPP 7486

ISBN 978-3-7724-7486-6

TOPP 7151

ISBN 978-3-7724-7151-3

TOPP 8159

ISBN 978-3-7724-8159-8

TOPP 7726

ISBN 978-3-7724-7726-3

Weitere Ideen zum Selbermachen gesucht?

Website
Verlockend: Welcher Kreativratgeber soll es für dich sein? Schau doch auf **www.TOPP-kreativ.de** vorbei & stöber durch die neusten Hits der Saison!

TOPP-Autoren
Du willst wissen, wer die „Macher" unserer Bücher sind? Wer dir nützliche Tipps & Tricks gibt? Auf **www.TOPP-kreativ.de/Autor** warten jede Menge spannender Infos zum jeweiligen Autor auf dich. Finde heraus, welches Gesicht hinter deinem Lieblingsbuch steckt!

Facebook
Werde Teil unserer Community & erhalte brandaktuelle Informationen rund ums Handarbeiten auf **www.Facebook.com/Mitstrickzentrale** Wer sich für Basteln, Bauen, Verzieren & Dekorieren interessiert, ist auf **www.Facebook.com/Bastelzentrale** genau richtig!

Pinterest
Du bist auf der Jagd nach den neusten Trends? Du suchst die besten Kniffe? Die schönsten DIY-Ideen? All das & noch vieles mehr gibt es von TOPP auf **www.Pinterest.de/Frechverlag**

Newsletter
Bunt, fröhlich & überraschend: Das ist der TOPP-Newsletter! Melde dich unter: **www.TOPP-kreativ.de/Newsletter** an & wir halten dich regelmäßig mit Tipps & Inspirationen über dein Lieblingshobby auf dem Laufenden!

Extras zum Download in der Digitalen Bibliothek
Viele unserer Bücher enthalten digitale Extras: Tutorial-Videos, Vorlagen zum Downloaden, Printables & vieles mehr. Dieses Buch auch? Dann schau im Impressum des Buches nach. Sofern ein Freischaltcode dort abgebildet ist, gib diesen unter **www.TOPP-kreativ.de/DigiBib** ein. Nach erfolgreicher Registrierung erhältst du Zugang zur digitalen Bibliothek & kannst sofort loslegen.

YouTube
Du willst eine ganz neue Technik ausprobieren? Du arbeitest an einem spannenden Projekt, aber weißt nicht weiter? Unsere Tutorials, Werbetrailer, Interviews & Making Ofs auf **www.YouTube.com/Frechverlag** helfen dir garantiert dabei, den passenden Ratgeber von TOPP zu finden.

Instagram
Du bist auf Instagram unterwegs? Super, TOPP auch. Folge uns! Du findest uns auf **www.Instagram.com/Frechverlag** Möchtest du uns an deinem Lieblingsprojekt teilhaben lassen? Am besten postest du gleich ein Foto mit dem Hashtag **#frechverlag** & wir stelle dein Werk gerne unserer Community vor – yeah!

Alles in einer Hand gibt's hier:

Kreativ-Bücher findest du auf www.TOPP-kreativ.de

IMPRESSUM

Illustrationen: Josy Jones Graphic Design & Illustration
Texte: Ulrike Bremm, Windeck
Produktmanagement: Stephanie Iber
Redaktion und Recherche: Tabea Wiesner, Stephanie Iber
Cover: FSM Premedia, Münster, unter Verwendung einer
Illustration von Adobe Stock/Micro one
Lektorat: Stephanie Iber
Herstellung und Satz: FSM Premedia, Münster
Druck und Bindung: Livonia Print SIA, Lettland

FSC
www.fsc.org
MIX
Papier aus ver-
antwortungsvollen
Quellen
FSC® C002795

Die in diesem Buch veröffentlichten Informationen und Ratschläge wurden von der Autorin
und den Mitarbeitern des Verlags sorgfältig geprüft. Eine Garantie wird jedoch nicht übernommen. Autorin und Verlag können für eventuell auftretende Fehler und Schäden nicht
haftbar gemacht werden. Das Werk und die darin gezeigten Informationen und Ratschläge
sind urheberrechtlich geschützt. Die Vervielfältigung und Verbreitung ist, außer für private,
nicht kommerzielle Zwecke, untersagt und wird zivil- und strafrechtlich verfolgt. Dies gilt
insbesondere für die Verbreitung des Werkes durch Fotokopien, Film, Funk und Fernsehen,
elektronische Medien und Internet sowie für die gewerbliche Nutzung der gezeigten Modelle.
Bei Verwendung im Unterricht und in Kursen ist auf dieses Buch hinzuweisen.

3. Auflage 2019

© 2019 frechverlag GmbH, Turbinenstraße 7, 70499 Stuttgart

ISBN 978-3-7724-7172-8 • Best.-Nr. 7172